自律自治体の形成

すべては財政危機との闘いからはじまった

前・岐阜県多治見市長
西寺雅也［著］

公人の友社

目次

Ⅰ章　すべては財政危機との闘いからはじまった

1　多治見を変える

私は一九九五年から三期一二年間多治見市長を勤めた。この時期は二〇〇〇年の地方分権一括法の施行をはじめ、根幹から地方自治体を揺るがすような大きな変化が起こった時期であった。

バブル経済の崩壊は戦後続いてきた「成長」の時代が終わり、「縮小」の時代に入ったことを否応なく我々に知らしめた。それは地方自治体のあり方自体を変えなければならないことを意味していた。国の財政のみならず、地方財政も逼迫し、バブル期がもたらした放漫な財政運営や浮かれた「箱物行政」はもはや終りを告げた。

地方自治体を取り巻く環境の変化はここへきて急速になり、一〇年一日のごとくゆっくりと歩んできた地方都市でも、その速さを身を持って感じざるを得ないものとなってきた。そのスピードに対応する能力や新しい政策を切り拓いていく能力が、自治体に求められるようになってきた。

私が一九九五年行われた多治見市長選挙に立候補することにしたのも、それまでの多治見市政の停滞と市民参加や情報公開など今日的な課題にまったく取り組もうとする姿勢のない、行政のあり方を変えることが必要であると考えたからである。それとともに多治見市の財政は年々悪化の一途をたどっていた。

バブル期、市税収入や地方交付税の増大によって、財政は肥大化した。このことは行政の感覚を麻痺させ、バブル経済崩壊後も、執行部はその重大さに気付くことはなく、かつては堅実な財政を志向していた多治見市も、ずるずると財政悪化へと陥っていった。

バブル期、多くの自治体が、今見ても驚くような豪華で、仰々しい建物を建設し、あるいはリゾート開発や第三セクターへの多額の出資といった大型プロジェクトに浮かれていた。そのような状況は多治見市においても、例外ではなかった。

前任の市長の手法は、任期一期ごとに大型施設を「目玉」として造ることであった。それは文化会館、総合体育館、産業文化センター、生涯学習施設と続いた。その他、公民館、児童館など多くの公共施設が建設された。そのことが財政状態を圧迫する大きな要因となった。

当然、大型施設の建設費は莫大である。それにとどまらず、起債残高の増大を招く。さらに、施設のランニングコストが積み重なることになる。施設管理もほとんど直営でおこなわれていた当時の多治見市では、施設の増加がそのまま、職員の増加をもたらし、組織の肥大化や管理職ポストの増加を招くことにつながった。

ことは施設建設だけに限ったことではなかった。莫大な金額の土地取得を行ったことも、財政悪化を一層深刻なものとした。「地上げ」によってもたらされた地価高騰の中での土地購入や、支持者から押しつけられ、市にとって不要な土地を買い取るといったことまで起こった。

その後の地価暴落によって「不良債権」と化した土地や塩漬けの土地を抱える土地開発公社に対する債務保証の額も後年、多治見市財政に大きな負担を負わせることとなった。また、自治省による地方単独事業推進の政策も財政状況悪化に拍車をかけた。

一方、職場の規律は緩み、職員たちの緊張感は失われ、著しいモチベーションの低下が同時に進行していた。遅刻する職員は当り前のように日常化し、また終業時間にはすでに庁舎の外にいる職員がいるといわれるほどであった。

また、いかがわしい人物が庁舎内に居座り、その人物や市議会議員を含む何人かの集団が行政を牛耳っているといわれるようになり、入札を仕切っているとまで言われた。職員の幾人かがそのグループに取り込まれ、そのグループが行政に介入するといったことも日常化し、目に余る状態となっていた。

私は議員としてこうした状況を見、多くの職員たちと話す機会を持つ中で、市政を変えなければ、大変な事態に陥ると考えた。ことに財政状況の悪化はなんとしても押しとどめなければならないと考え、議会において質問も行った。しかし、体質が変わるどころか、年を追って市政運営は迷走ともいえる方向に進んでいった。バブル期に増加した財政調整基金は底をつき始め、減債基金もほとんどなくなっていたのである。

起債残高の急増、経常収支比率の急速な悪化、財政調整基金の減少など、財政悪化の前兆ともいうべき事態に、私は自らパネルを作成し、財政指標の経年変化について示しながら、一般質問を行った。このまま財政の引き締めを行わなければ、将来困難が訪れることを警告した。

財政指標の経年変化を表すグラフなどの資料は、当時全く公表されていなかったため、自らそれを作成して、質問に臨まなければならなかったのである。議会で行われる予算説明も、毎年度、その年度の予算の特殊な要因や事情を語るばかりで、多治見市の財政状況の推移について説明することはなく、多治見市の置かれている状況や傾向について、議員さえ把握していない状態にあった。

私が市長に就任してから、情報公開を積極的に行うようにし、ことに財政についての情報をいかに分かりやすく市民や議員に提供し、互いに認識を共有することが不可欠であるかを強く説いたのも、こうした議員時代に反面教師的に学んだことによるものである（後年、毎年度公表することとした市民向けの「わかりやすい予算説明書・決算説明書」にはいくつかの財政指標についての経年変化を示したグラフを載せ、財政の推移や傾向が一目で分かるようにした）。

しかし、一向に行政の財政運営は改まることもなく、見る見るうちに危機的な状況へと転落していったのである。一方、市民の間でも、過大な施設やソフトを考えない施設建設や、ランニングコストを考慮しないで建てられる施設に、いわゆる「箱物行政」批判が起きてくるようになった。「施設ばかりを造ってきたが、もうこれ以上施設はいらない」といったことがあちこちでいわれるようになっていった。

私は選挙を通じて、この財政危機を訴え、市政のあり方を変える以外ないと考えるようになった。多治見市の将来への危機感から市長選挙への立候補を決意した。現職は五期目の立候補であった。

選挙のスローガンは「多治見を変える！」であった。前述したように近い将来訪れるであろう困難や市政の停滞、新たな政策形成がなされないばかりか、市民参加や情報公開といった今日的課題に取り組む姿勢の欠如している市政の体質を根底的に問い直すことが必要であると考えたからである。このスローガンは当時の市民や職員が抱いていた市政に対する不安、不満を顕在化させ、選挙戦を決定的に変えるキーワードとなったのである。

私は市会議員を五期勤めた。その間、一貫して無党派を貫いてきた私には、組織らしい組織はなく、議員時代から支持してくれた人たちのいくつかのグループと後援会以外になかった。市長選レベルの選挙を戦うような組織を当初から持ち得ないまま、活動を開始した。恐らく多くの人は私が勝利するなどと予想もしなかったに違いない。ことに、現職市長を支持していた人たちにとっては、起きてはならないことが起きてしまったのである。

選挙の準備を進めるにつれて、多くのミニ集会などを通し、多治見市の状況について語った。次第に「多治見を変えなければ」との思いは多くの市民の共感を呼び、互いに共有するものとなっていった。「多治見を変える」ことを期待する声や市政改革をしなければ多治見がだめになってしまうと考える人の支持が広がり、それは点から線へ、そして面へと広がっていったのである。

選挙の結果は千四百票余りの差で、私たちは勝利したのである。

当選後、初登庁し、職員に就任の挨拶を行ったが、多治見市広報にその抜粋が、私の掲げた政策とともに掲載された。

その挨拶で

「二〇年間、市議としてみなさんとおつきあいを願ってまいりましたが、今回は立場を変え、市長としてみなさんとともに四年間行政を担っていくことになりました。

さて、これからの市政は行政が市民に対してどのようなクオリティ・オブ・ライフ（生活の質）を提供できるかどうかにかかっていると考えています。そのためには行政に携わる者が、常に市民の声に耳を傾け、市民の要求や意向がどこにあるかを的確に把握する姿勢を常に持ち続けることが必要になってまいります。社会資本の充実をはじめとする市民生活を支える施策体系の確立が求められています。

私は選挙を通じて、行政のあり方について四つの大きな目標を掲げてまいりました。

その一つは計画的な市政運営を図るということです。特に経済環境の厳しい状況のもとでは、市政運営も厳しく選択的にならざるを得ません。第四次総合計画の後期計画の見直し作業をとおして、施策の徹底した優先順位の見直しを考えていきます。また、総合計画を、シビルミニマムの考え方を取り入れた計画へと変更しなければならないと考えています。

二つ目は本当の意味での市民参加の市政を実現していきたいということです。

（中略、別の項につぎのような目標を掲げている。1、市民委員会の設置。当面、エコシティ構想を創るための委員会とバリアフリー、ノーマライゼーションのまちづくりに関する委員会の二つを挙げている。2、情報公開制度、個人情報保護制度をつくる。3、ソフト→ハード→ソフトの施設づくりの三つである）

三つ目は市民ニーズと多治見市の将来を展望しながら、それに見合う機構改革を推進します。

（以下略）

第四に、縦割り行政の弊害の克服、将来の地方分権の定着化に備えた市役所全体のグレードアップ、市民に対する公共サービスのあり方の改善、職員参加の積極的な活用、創造性や企画力を高めるための本格的な研修体制の確立、いきいきとした職員が新しい企画や施策づくりに取り組める体制の確立、庁内における情報化社会への対応など、市民と職員の共同作業としてまちづくりに取り組むことのできる「行政の改革」を目指した大綱づくりを行います。

こうした私の提案の根底には、市民の側に顔を向けた行政であってほしいという願い、市民に対するサービスこそ市役所の使命であるということを忘れていただきたくないという思いが含まれています。また、最近の社会の変動により、商店街や地場産業はリストラ、廃業、倒産など手痛い打撃を受けている状況下で、ひとり市役所が「温室」のように見えるのは私一人でしょうか。私を含め、市職員のみなさんが決してこうした現実から目を離すことなく、市役所という枠を飛び出し、市民の中へ入り、今何をなすべきかを常に問題意識としてもっていただきたいと切望しています。

また、官尊民卑の発想を捨てていただきたい。今日の高学歴社会、都市化の中では、市職員は市民に対して上下の関係にあるのではないということです。行政は市民とともにあるという意識に転換し、優れた意見、提案に対して、私たちは率直に耳を傾けなければならないとともに、対等な立場に立って議論ができるような研鑽が必要になってきております。市民のレベルの向上は地方自治の中の重要な要素であり、「住民自治」を可能にしていくために重要であり、多治見市においてもそれが可能になってきた今日、行政のあり方も徐々に転換すべき時期にきていると考えます。

いずれにしましても、行政に対する市民のまなざしは決して暖かいものではなく、かなり厳しい見方をしているという現実があります。緊張感をもって市民と対する、努力と研鑽に裏づけられた自信をもって、市民と対等に接することのできる市役所にしていきたいと私は希望しております。

個々の課題については、おいおいみなさんと考え、解決の方向で検討しなければなりませんが、そのためにもまず市役所の内部が明るく、活気のある、意欲的な雰囲気になっていかなければなりません。みなさんとの議論を通して私自身も多くのことを学んでいかなければなりませんし、みなさんの真摯な意見提案に対して、それがだれであろうと私は大いに学ぼうと考えております。市長室は開かれています。

市民のみなさんの中に、価値観の多様化や政治観の差異、多治見というまちに対する受けとめ方に大きなギャップがあったり、生活様式の都市化などによって、市民のアイデンティティが失われつつあるということを私は強く感じております。心のよりどころとしての多治見をつくりあげるとともに、新しく多治見に引っ越してきた人たちの市政への関わりを求めるために、ボランティア活動の活発化、文化活動の質的向上と多様化などを図っていきたいと考えております。

こうした新しい課題に対しても、みなさんの取組みが求められてきております。特に若い職員の人たちのセンスに大いに期待しております。

職員の働きなしに行政は機能しません。私はみなさんの能力が十分発揮できる環境づくりに努力したいと考えております。どうか市民のみなさんが信頼する市役所へと前進するためにみなさんの力を発揮してください。市役所を変えるのは皆さんの力です。」

と述べた。

2　財政緊急事態宣言

私の在任中、もっとも大きな課題は、財政危機からの脱出であり、多治見市の財政をどう立て直すかであった。しかも、その課題に就任して間もない時期から直面し、退任するまでの間、常に私が気を配り続けなければならない問題でもあった。言い換えれば、私の市長在任中の一二年間は財政危機との格闘の日々であったといえる。この大きな課題を克服するために行ってきた、様々な取組みが、今日「多治見方式」と呼ばれるシステム構築へとつながっていく。

この間、自治体経営を行うための仕組みづくりに腐心してきたが、それとともに、首長が自らいかに抑制的に市政運営に当たるかが問われることにもなる。野放図な対応は許されない。言動は常に一貫していなければならない。恣意的な政策選択を職員に押し付けてはならない。こうしたことを日々、実践しなければならない。財政危機の克服という課題を念頭に常に置きながら、不断の努力を積み重ねなければならなかったのである。

こうした積み重ねの中で、職員たちと共有した認識は、決して再び財政危機に陥ってはならないということであった。そのために職員たちも現場で様々な改革を実践しながら、進まざるを得ない時期でもあった。この財政危機との闘いこそが市政改革の出発点となったのである。

もし、市長交代がないまま、多治見市政が続いていたとすれば、果たして財政危機に対する対応がなされていただろうか。一般的に首長が長期にわたって在任している間に（前任者は四期市長を勤めた）、もし財政状況の悪化が起こったとしても、そのピンチな状況を認め、それを改めようとするであろうか。それまでの自らの政策、市政運営のあり方を否定することとなり、そのような自己否定的な転換ができるものか疑わしい。いわば失政を自ら認め、ハンドルを逆の方向へ切ることができるかどうかを考えれば、放漫財政から緊縮財政への方向転換は極めて困難なことであり、それはほとんど不可能といわざるを得ない。

ことに、首長が「毒を食らわば、皿まで」式の行動に出た時、救いがたい状態に陥る。最悪のパターンは自らの政権維持のために財源を浪費し、ツケを将来に回して退任していくことである。しかし、現実にはこうした行動を採る首長は決して少なくないのである。この点からも、首長の自己抑制する姿勢は求められる資質の一つといえよう。

財政的破綻や危機的状況に陥ることのないように日常的な監視が必要であることはいうまでもない。そのためには、情報をもっとも入手しやすく、多く持っている議員の役割は極めて大きいはずである。かつての多治見市がそうであったように、分かりやすい財政に関する情報が公表されることもなく、市民の関心も低ければ、財政状況について実態が明らかになることはない。情報の的確な提供は行政の行わなければならない重要なことの一つであるが、議員は日常的な活動の中で、行政の状況を把握し、警鐘を鳴らし続ける必要がある。情報公開制度の確立した今日、議員活動は従来に比べて、はるかにやりやすくなるとともに、質的にも高いレベルのものにならなければならない。

しかし、現実には議会活動の中で、財政状況に関心を持ち、行政の進む道を示唆するような活動を行う議員は圧倒的に少数派であることが多い。「要求型」の議員活動に終始している議員も少なくない。議員活動がしばしば財政の動向にかかわらず、自らの支持団体、地域への施策を要求し、実行を迫るケースも多い。歳出削減に反対する意見も議会で多く出される。議会が「要求型」の議員で占められていれば、緊縮型の予算、財政運営に対する風当たりも強いことになる。

多治見市が総合計画に掲げた「拡大主義になりがちな計画ではなく、行財政改革を重視した計画」（第5次総合計画基本構想から二〇〇四年）を理解し、支持してくれた議員も何人かはいたが、拡大型のまちづくりを主張する議員も少なからずいた。日頃「行財政改革を積極的に推進せよ」と強調していた議員が、自らの地盤に影響する事柄になると「もう行革はほどほどに」と発言したりすることも珍しいことではない。

放漫な財政運営がただ単に首長のみによって行われるのではなく、市民や議員、そして職員によって増幅されることを肝に銘じておかなければならない。

財政改革は決して心地よいことではない。財政が拡大してきた時代には、市民からの様々な要求に応えることも可能であった。それによって貧弱であった政策を充実させてきたことも事実である。しかし、そうした要求型の動きにみんなが慣れきってしまい、それを当り前と思う時代が長く続き、それはバブル経済期にピークに達した。

しかし、今日のように財政が縮小し始めると、そうした事態に遭遇したことのない職員や議員、市民は事態に対処する術を持たず、市政は混乱する。クレームが頻繁に窓口に寄せられ、既得権を守ろうとする動きも大きくなる。行政自体も既存の事務事業をどう評価し、何を選択するかの方法を持ち合わせていない。これを乗り越えようとすれば、新たな市政運営の手法が問われざるを得なくなってくる。

「財政緊急事態宣言」を行う

放漫財政や大型事業の「ツケ」が回ってくるのは起債の償還が始まる時期であり、大型施設を建設しても、すぐに財政悪化が表面化するわけではなく、じわじわと悪化は進んでいく。多治見市の財政がもっとも悪化したのは、私が市長に就任してから二年、三年後である。

当選一年半後の一九九六年秋、財政担当の総務部長から「財源がなく、来年度予算編成ができない」と伝えられた時、「まさか、こんな早い時期に」と不意を突かれた思いがした。「財政が危ない」と考えていた私もまだなんとかなるとどこかで考えていたのである。しかし、不幸にも杞憂が杞憂ではなく、現実となる事態に立ち至った。

この時期の多治見市の財政状況の数値を掲げれば、その悪化ぶりは容易に理解できる。

①起債残高が財政規模を上回る
②公債費比率一九・二％
③起債制限比率一五・〇％
④経常収支比率八九・九％
⑤財政調整基金残高九億二千九百万円
⑥減債基金六億四千百万円

などである。

ちなみに、当時の財政状況を示す指標でいえば、経常収支比率は岐阜県下九九市町村中最悪、公債費比率も一四市中最悪という事態に陥っていたのである。

今日、こうした数値は多治見市が毎年度発行している「分かりやすい予算・決算説明書」などで容易に知ることができ、その深刻さも理解することできる。しかし、当時財政状況に関する情報がほとんど知らされていなかったため、事態を把握し、認識している人はほとんどいなかった。こうした中でこの事態をどう市民、議員、職員に伝えるかが課題となった。

そこで「予算が組めない」といった事態が理解されるためには、対策を「小出し」にすることは反発を招くことはあっても、事態の理解や解消という観点からみれば、かえって妨げや遅れを生むことになりかねない。「財政が厳しい、厳しい」と言い続けても、どれほどのことであるかを実感しなければ、狼

公債費比率・実質公債費比率

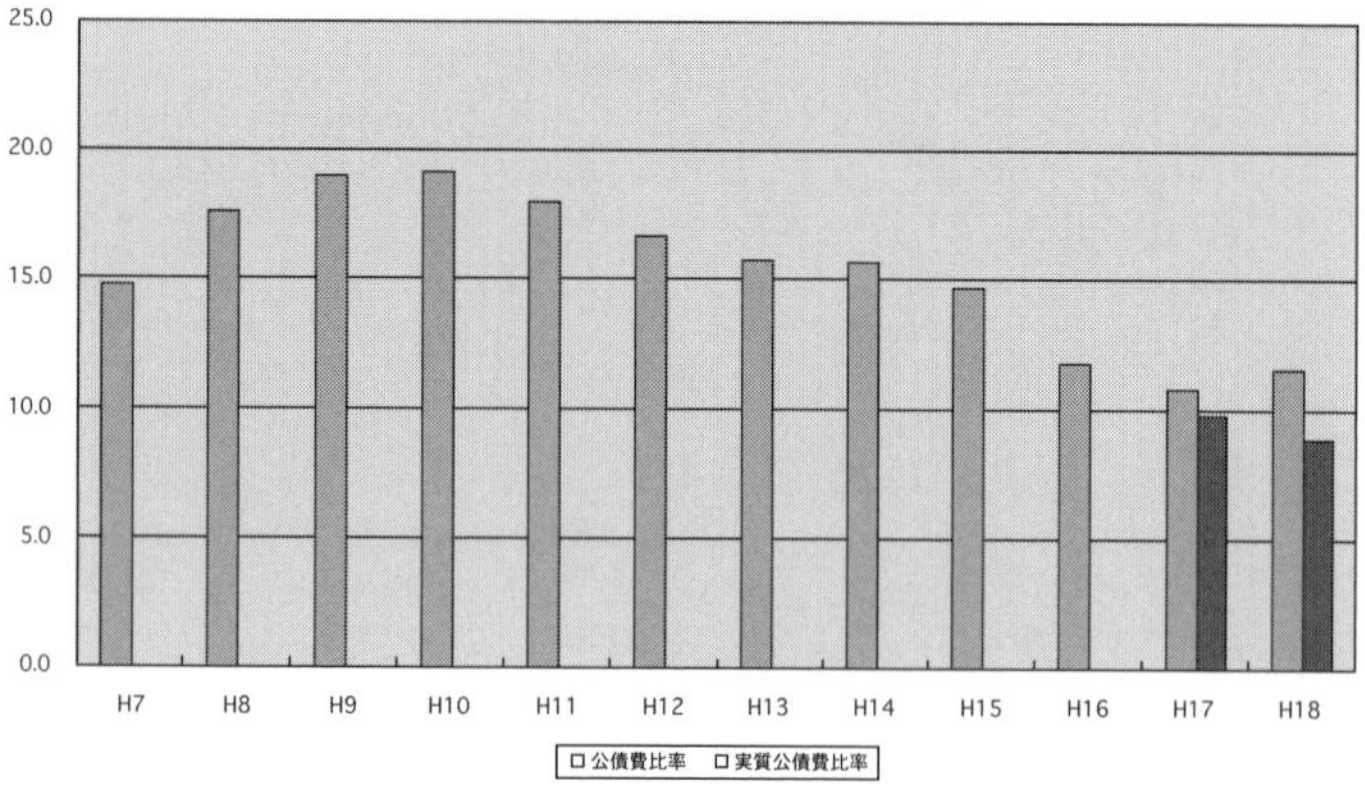

少年のようなことにもなりかねない。

この際、事態を明らかにし、問題を先送りすることなく対処するためには、明快に理解できるように、「財政緊急事態宣言」を発する必要があると判断した。恐らく多くの市民や職員にとっては、唐突に宣言が出されたという印象を拭えなかったに違いない。ほとんどの職員さえ危機感を抱いていなかったからである。

私たちにとって、引き締めのため経費の見直しを図り、削減することは当然の措置であり、まず手をつけなければならない課題であったが、そう考える人はむしろ少数派であった。

バブル経済崩壊という事態が起こり、その後遺症に悩み始めていたにもかかわらず、財政規模が拡大することが当然と理解し、またそれに慣れきった人たちにとっては、財政を縮小することを意味する「宣言」は受け入れがたいものであったに違いない。

「宣言」下で始まった一九九八年度予算編成の中で、い

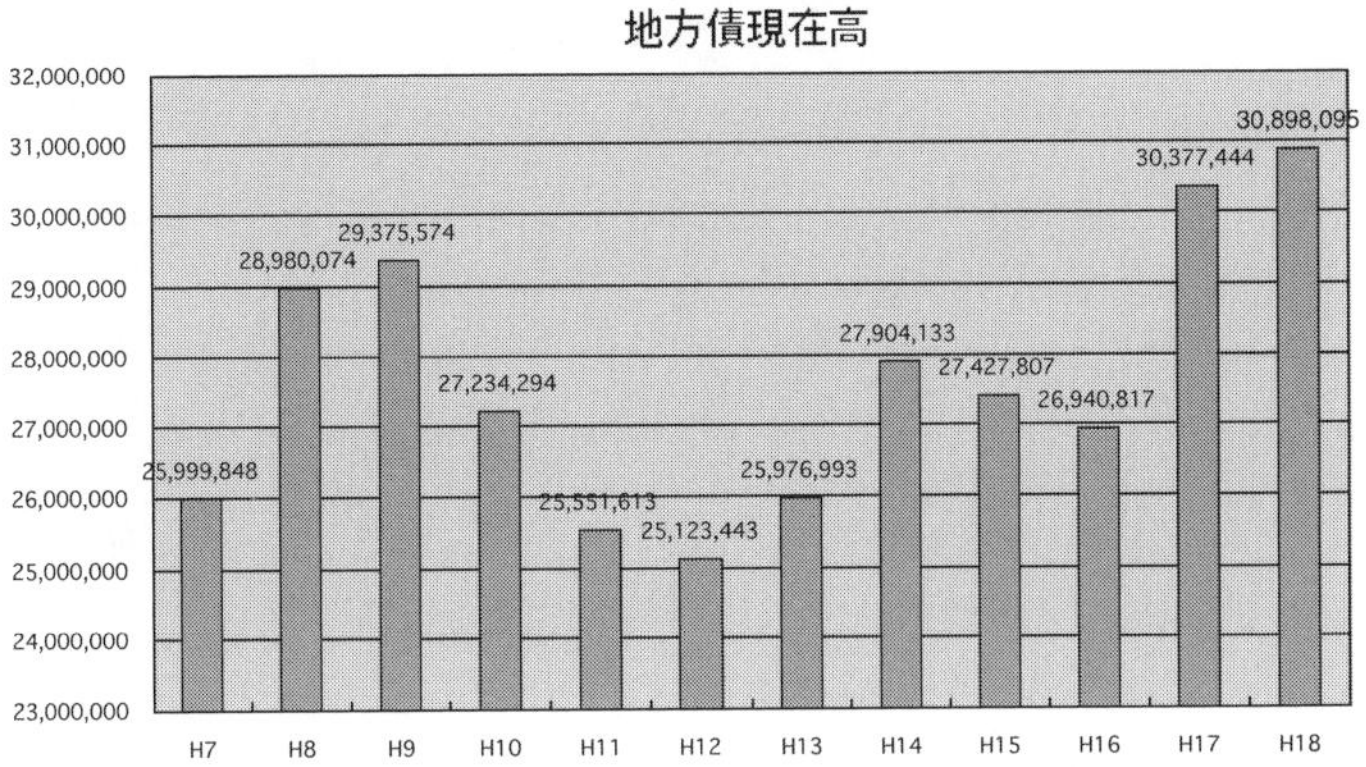

注：平成17年の残高が増加しているのは、一般廃棄物処理施設建設に伴って借り入れた71億円余の影響である。

ち早く打ち出した補助金の一律一〇％カットや福利厚生費のカットなどといった経費削減案に対して、多くの市民からの抗議や職員たちの不満が数ヶ月にわたって私のもとに寄せられた。ことに補助金のカットに対しては、あらゆる方面からブーイングが起こり、市民団体の会合に出席する度に批判が飛んでくる日々が続いた。いかにその後の「縮小」への取組みが困難を伴うかを予感させる事態となった。

こうした体験からも、日常的に財政情報を市民、議員、職員に的確に提供し、互いに情報共有しながら、市政運営を行わなければならないことを痛感させられたのである。

一九九八年度予算からは、この「宣言」の下で予算編成を行うこととなったが、市民や職員からの批判、抗議に首長が揺らげば、それは職員に伝染し、取組みは後退する。「痛みを伴う措置」を行おうとすれば、必ず抵抗が起きる。それを覚悟した上で実行するためには、首長自身の意思が固いことを示し、揺らがず進む以外にない。首長はそれを行いうる唯一の存在でもある。首長がやらなければだれも

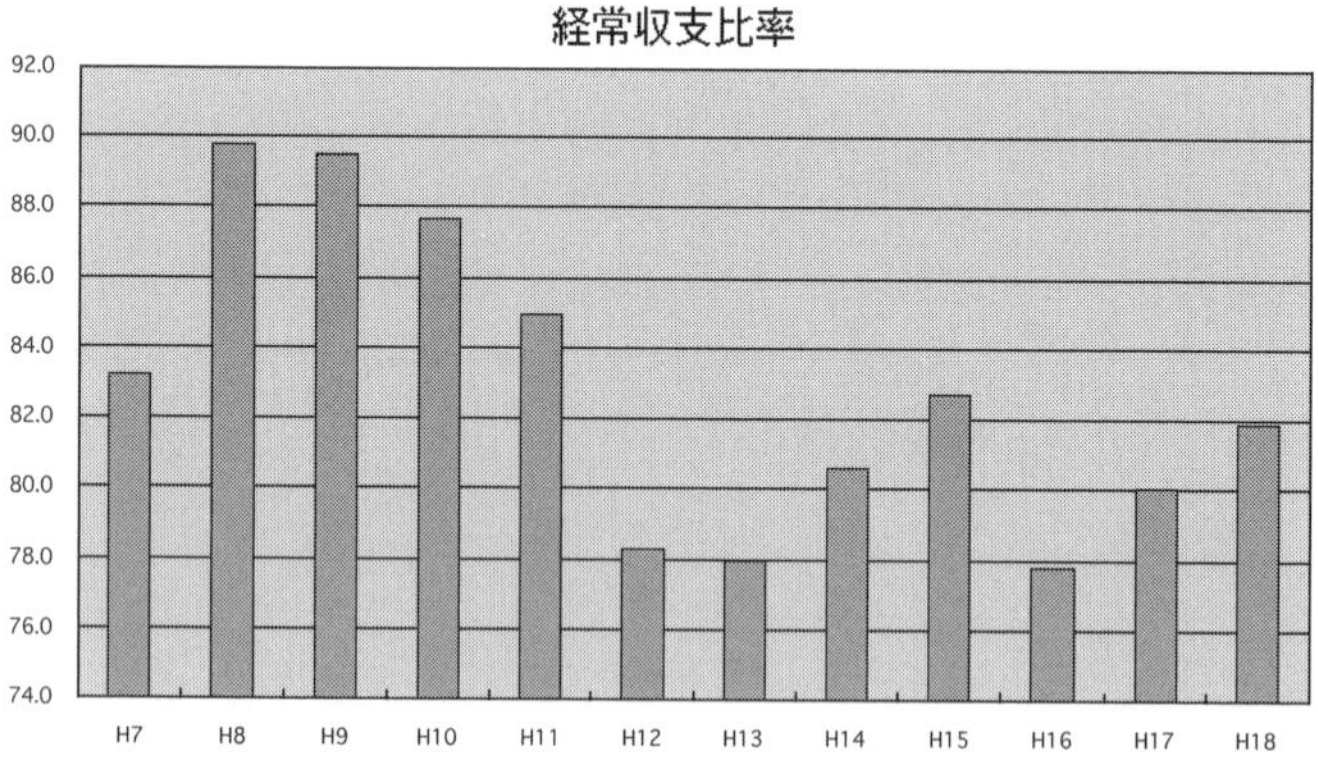

する人はいないのである。

さて、「宣言」に伴い、多治見市が定めた目標は次の三点である。

1　市債発行額を歳入総額の八％以内とする

2　財政調整基金残高を二〇〇三年度に一〇億円以上確保する

3　土地開発公社への用地取得債務負担行為元金分を、二〇〇〇年までに五四億円から四〇億円以内とする

この目標をみて、今日の多治見市の水準からみれば、極めて低い水準といわざるを得ないが、当時の切実な事態を反映しているといえよう。また、3に掲げた土地開発公社への債務負担が極めて多額になっていたことが分かる。事実、土地開発公社による土地の先行取得は、その後の財政運営の中で大きな負担となった。

「宣言」以後、目標達成のために①予算編成における経常経費の削減②人件費、公債費の削減③事務事業の見直しを図るとともに、収納率の向上などによる、歳入増加、財源調整措置などを行うこととした。また、一九九五年度（第2次）、九八年度（第3次）からの行政改革大綱に掲げた措置を実行することもあわせて

進めることになった。ことに「宣言」下で策定した第3次行政改革大綱は財政危機を前面に打ち出すことによって、緊急事態を一刻も早く克服することを目指したものとなった。大綱に位置付けた一〇〇項目に及ぶ改革項目の実行は、大幅な経費削減を可能とし、急速に財政状況を好転させることとなった。職員定数の見直しなど、その後も継続される取組みはこうした「宣言」下でこそ出発可能だった。

また、一九九八年度から策定にとりかかった第5次総合計画においても、分権改革の必要性とともにこの「宣言」下の状況の中での行政のあり方を問うこととなり、総合計画によって行政の規律の確立を図ることとなった。また、施策も実現可能性に徹底的にこだわりながら選択を行い、ハードからソフト重視のスタンスへの転換を志向しながら、進む姿勢を明らかにした。これらも財政危機に至った過程に対する反省に基づいた転換であった。

私の任期中、「箱物」の建設を極力抑え、必要不可欠なものに限る方針をとったのも、基本的に苦い経験の結果である。ちなみに一二年間で建設した建物は老朽化した小中学校三校、一般廃棄物焼却施設、福祉施設一館、消防分団車庫一カ所、たい肥化センター、下水道浄化センターの増設等である（前市長時代に着工され、私の任期中に完成した施設を除く）。

総合計画や行政改革大綱など市の根幹をなす計画を「宣言」の下で策定することによって、職員たちの認識にも変化が起こり、危機感、緊張感をもって、仕事に取り組むことができるようになっていった。市民の間にも財政に対する関心が高まり、市民と行政の関係も変化し始めたのである。

3　財政改革指針

二〇〇一年秋、五ヵ年の財政改革で「財政緊急事態宣言」時に掲げた目標値をいずれもクリアし、「宣言」解除にたどり着くことができた。この緊急事態はいわば、多治見市の財政運営の杜撰さ、放漫財政の招いた結果という側面が強く、困難を伴いつつも市独自の取組み、努力によって克服可能なものであった。将来への悪影響を完全に取り除くところまではいかないまでも、計画的な財政運営によって、当面の緊急事態を克服することができたことを確認した。

しかし、今後訪れるであろう財政危機は、国・県の財政逼迫、人口減少、高齢化による税収減、少子高齢化に伴う福祉関係費の増大、地場産業の低迷など、いわば構造的な要因によって起ってくる財政危機であり、これまでとは質の異なる、長期でかつ、より深刻な危機であるという認識に立って、市政運営を行わなければならないことを政策会議（庁議）において確認した。それに対応するため、今後の財政運営についても計画的に取り組むため「財政改革指針」を定めて公表し、実行することとした。

その「指針」は

1　市債発行を歳出総額の六・五％以内とする
2　財政調整基金の年度末残高一五億円以上維持する
3　土地開発公社の用地取得の債務負担額を平成一七年度末までに一五億円以内とする
4　市債償還対策基金（減債基金）の残高が地方債残高の七％を目標に毎年度積み立てる
5　職員退職手当基金を新設し、平成一〇年度と比較した人件費削減相当額を毎年度積み立てる（毎年度当該年度の一般財源で賄う退職手当の額を一定とし、それを超える額が必要となる場合には、基金を取り崩して充てる。退職者数がピークを迎える時期を予測し、その時期の財源不足を補うための必要額を基金化した）
6　経常収支比率八三％以下を維持する

の六点を掲げた。

ここで掲げた目標値の背景について簡単に触れれば、市債については起債制限比率も一五％を超えてしまう事態に陥り、かろうじて繰り上げ償還によって一五％未満に抑えた経験に基づき、市債発行を極力抑制することが不可欠であるとの認識からである。

財政調整基金も、バブル期三八億円あったものが、私が市長に就任したときには約一〇億円に減少しており、災害などいざという時の備えにも事欠くのではと危惧せざるを得ないレベルになっていたことへの反省である。将来の財政需要を考えれば、決定的に不足していた。

土地開発公社に関する目標は、バブル期の前後、土地開発公社によって高額でしかも不要、不急な土

職員退職手当基金現在高（単位：千円）

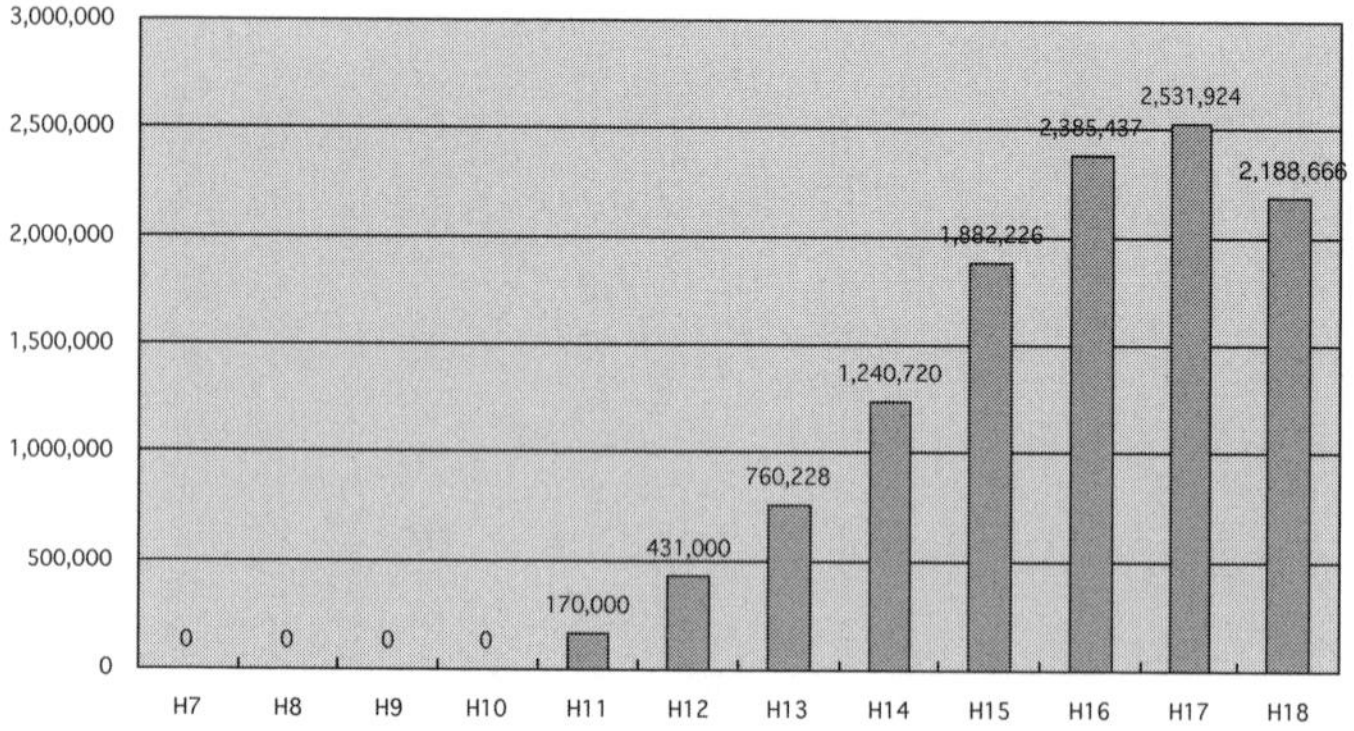

注：平成18年減少しているのは、早期退職者が増加し、前倒しで基金を取り崩したためである。

地取得が行われ、財政逼迫の一要因になった苦い経験の上に立っている。前述したように「宣言」に伴って立てた目標値をみても明らかなように、多額の債務を抱えていた。その債務の早期解消が問題意識としてあったことや、「塩漬け」になった土地が多くあったこと、また土地開発公社からの土地買取を財源調整のため後回しにせざるを得ない状況にあったことによる。「宣言」時の数値に比べれば、飛躍的に改善が進んだことは分かるが、過去の過ちを再び繰り返さないためでもあった。

また、退職手当基金については、広域の退職手当組合に加入していない多治見市は単独で退職手当を支払うことになる。職員の年齢構成からいって、一時期に多額な支払いが必要となることがはっきりしているにもかかわらず、まったくその対策がとられていなかった。そのため後年度の大きな負担を軽減するため、基金を設け、計画的に資金をプールすることが不可欠であるという認識による。

また、「指針」以外の措置として、財源対策債の借り入れは、基本的に行わないこととし、財政規模の圧縮を図っていたが、財源不足が慢性化し、三年後からは借り入れざるを得なくなった。

4　予算編成改革

こうした「指針」を掲げて、財政運営を行うことが可能になったのは、財政改革と並行して進めてきた総合計画によって行政全般のコントロールを可能にするシステムを構築したことによるところが大きい。一方、中長期の財政計画を策定し、公表することによって、財政状況についての情報の共有化を図るとともに、中長期的な展望の中で財政をみていかなければならないことを確認することができるようになった。

また、私が就任以来、不思議にも思い、その改善が進まないことに頭を悩ませてきたことは、毎年度の予算編成のあり方である。それは予算が財政担当者の「さじ加減」によって決定されるという事実であり、長年の予算編成過程における財政担当者による財務情報の独占についてである。

さらに、大きな問題は、財政担当者によって政策選択が行われることが常態化していたことである。予算編成の透明性の確保の点からも、政策優先の市政の構築の上でも、予算編成のあり方を変えることが不可欠であり、財政担当者が圧倒的に優位な立場に立って行う予算編成の仕組みを変えていかなければならない、これが課題であった。

財源に関する情報の独占は、予算編成の過程自体をブラックボックス化し、操作の道具として使われてきた。情報を持たない事業課は、結局財政担当者に屈する外はない。財源不足を理由に事業予算を削減、あるいは事業そのものがスクラップされたり、後年度以降に送られたりする。

すべてがそうであるかといえばそうでなく、予算が増額されたり、事業が増やされたりもする。それを遠目で見ている職員からは、恣意的な選択が行われたとみえる。予算編成過程で何が語られ、いかなる方向へ進もうとしているのか理解することができず、予算が事業課を無視して、勝手に作られていると考えてしまう。それは予算に対するモラルハザードを生む危険性を孕んでいるのである。

たとえば、財政担当者が把握している数字を操作し、歳入を過小に見積もり、庁内に公表する。そして、その枠の中に歳出を押さえ込もうとする。事業課に対して財源の所在、総額などを知らせないばかりでなく、こうした数字について、市長に対してさえ（こそ？）どこまで正確に伝えているか分からない。いわば、市長も「お客さん」化しているのである。もちろん、財政担当者からすれば、より安全な財政運営を意図して、歳入欠陥等が生じないようにしているのであろうが。

一方では、市長が施策に対する予算化を指示すれば、どこからか資金を調達する。歳入の額を増加させて辻褄を合わせるといったことは日常化していた。いわゆる「隠し玉」を用意しているわけである。こうした操作の積み重ねが財政担当者の「腕の見せ所」にもなり、財政担当者に特別の意識を植え付け、役所内に特別な地位をもたらすことになる。

助役（名称が変更となり、現在は副市長と呼ばれているが、この本では呼びなれた助役で統一する）査定、市長査定のために「調整」を超える財源を留保しておくといったことも当たり前のように行われていたのである。多くの首長が「自分の自由になるのはたった△億円しかない」と嘆くのを聞く。この言は多治見市のみならず、多くの自治体で同様な予算編成が行われていることを示している。予算編成の最終局面で「恩恵的に」首長に財源を提供する、首長もその財源を自由に使うことで満足する、こうしたことがあたりまえのように行われているのである。

一方、概算要求に掲げられた事業課の事務事業の中から財政担当者が精査・査定を通して「政策選択」を行ってしまう。総合計画に掲げられた事業であっても、極端な例は市長が予算化するよう指示したものさえ切られてしまうこともあった。一時期、「市長指示事項」の予算化が果たして行われているかどうかさえ分からない事態となり、予算化の状況を記した資料を査定の際、提出させなければならないほどだった。結果的に政策の選択権までも財政担当者が持つことになり、異常なことが異常として意識されることなく、長年続けられてきたことになる。

前述のような予算編成のあり方そのものに起因しているが、さらに深刻なのは、事業課と財政担当者との間に抜きがたい不信感が存在していた点である。財政課は自分たちがきちんと精査・査定し、予算執行まで厳格に監視しなければ、事業課は何をするか分からないと考えており、逆に事業課はいくら工夫していい施策を行おうとしても、勝手に財政課が予算を切ってしまう、予算を切る基準も分からない、

「どうせ一所懸命仕事をしても、結局財政のさじ加減」と考える。

このことが現場でどういうことを引き起こすかといえば、窓口等で職員が平気で「財政（課）が予算を切ってしまったので、今年度はこの事業できません」と答える。中には市民や団体に実施を約束していた事業も存在する。市民の側から見れば、当然裏切られた気分になる。市民に対して担当者は予算の付かなかったことを財政担当者のせいにしてしまう。まったく「説明責任」を果たしていないことに痛痒も感じない。こうした無責任なことがあたりまえのようにまかり通る。

あるいは財政課に予算を切られることを前提に、的確な積算もせず、過大な要求をする。毎年度不用額を出しているにもかかわらず、過大に要求することで、枠配分の額を維持しようとする。経常的な扶助費のような場合、制度として定まっているから、積算が過大であっても、財政課で切ることもできないことになる。当然、それをすれば他の部の枠配分額にまで影響を及ぼすことになる。また、査定や削減に対するチェックが甘い補正予算で要求をすることによって、当初予算の枠配分の枠外で仕事をしようとする。

こうした予算編成の過程を変えていくためには、総合計画の進行管理を的確に行い、それに基づいて予算を編成していくルールをどう構築していくかが課題として浮かび上がってきた。従来のような予算編成が行われていては、とても総合計画によるコントロールは不可能であることはだれの目にも明らかであり、総合計画と財政、予算編成とを的確にリンクする方策が実現されなければならなかった（「総合計画」の項参照）。

5　庁内分権と集中による意思決定

予算編成の改革のために、私たちのとった方法は、まず経費をその性質に応じて四つの整理区分に分けることであった。

それは

①総合計画経費　総合計画実行計画の事業費
②確定経費　人件費、公債費、積立金など
③通常経費　扶助費、物件費など、通常的経費
④臨時経費　大規模修繕、高額備品費、普通建設事業費　など

である。

経費の削減を図る際にもそれぞれの整理区分ごとに削減目標を定め、概算要求は始まる。特に大きい課題は総合計画経費をいかに設定するかである。そのためこの四区分の経費について、財政課と企画課

が協議し、一般財源の割り振りを行い、他の経費の状況を勘案しながら、総合計画経費の総額を定める。その上で①については総合計画の担当課である企画課が実行計画に基づいて、予算化するルールを作った。もちろん実行計画に必要な経費が①の配分額以内であれば問題はないが、通常そうしたことは起こらず、どうしても計画上の経費の総額が予算の枠をオーバーすることになる。

その時、どう予算を編成するかは、この方法を採用した当初、各部に事業の優先順位を付けさせ、それを政策会議において全庁のバランスをとりながら、全庁的な優先順位を付けて予算化することで、政策選択する方法をとった。他の経費については従前どおり財政課において調整を行うこととした。

その後、試行錯誤を繰り返しながら、①の経費の割り振りの方法を改善し、一方で予算編成過程を変更し、概算要求、財政課によるチェックの上、各部への枠配分を行い、その配分額の中で各部が自ら施策の選択を行うこととした（必ずしも枠に収まるわけではないが）。

新規事業、制度改正する事業、削減もしくは廃止する事業については、政策会議に諮って決定した上、予算査定（一般財源の配分の変更も行い、財源の不足が生じれば、財源調整によって通常の事務事業に充てる財源を確保するなどの措置をする。たとえば、当初予算に計上を予定していた基金の積立を当初予算での措置を減額したり、財政状況を見ながら補正予算で対応するなど）を行うことにした。その節目、節目には予算編成の経過、状況を財政課から政策会議に報告し、それでも納まりきらない場合は助役、市長の査定時に調整となる。

枠配分の範囲内とはいえ、予算編成権は各部長に与えることとした。その部で新規事業を行おうとすれば、他の事業を廃止縮小といったこともしなければならない。あるいは時代錯誤的な施策や、ばらまきともいえる事業をいかに他の事業へと変えていくかといった作業を行うことも必要になってくる。どの施策を優先させるかは、各部の責任において決定していくことになる。そうなれば現場や窓口で担当者は「財政課に切られた」という理由は使えず、「説明責任」を果たさざるを得ない。このように庁内における分権化を進めてきた。

しかし、一方では事業の新たな立ち上げ、変更、廃止等については政策会議に諮り、承認を取り付けることが必要条件であるとし、分権化したことによって、各部に任せたままにするといったことは決してしていない。政策会議での議論を徹底的に行うことによって、分権化と全庁における政策判断の双方を必ず行うことを徹底した。すなわち「分権と議論の集中」に務めてきたのである。

事業部制をとる方法もあるが、この場合、事業部間で相反する利害が生じるといった問題が発生する。あるいは克服すべき「縦割り行政」の弊害を固定化することにもなりかねない。たとえば、「環境配慮施策の実施」といったことを考えれば、分かりやすい。

全庁的な調整機能が働かなければ、総合的な行政運営という観点から大きなマイナスを生む危険性を秘めている。従って、多治見市では「分権と議論の集中」という方法を採用したのである。後に触れるが、部長にはそのほか人事配置権も与えられている。どの課へどの職員を配置してもよい、課に割り当てる職員数も部長の判断で行うことができることにしたのである。

次の段階として大きく財政のあり方が変わったのは、第5次総合計画後期計画（二〇〇五年度～〇九年度）に財政推計を導入し、事業に優先度を付けたことによる。総合計画に掲げた財政推計（財政計画）も拡大基調ではなく、「縮小する財政」を明確にし、時代の状況を的確に反映させることにした。そのため一般財源の額は、計画期間の五年の間、減り続けると推計されている。このように財源が減り続ける時代の予算編成をどうするかは、財政担当者の守備範囲をはるかに越えたものといえる。

従前通りの予算編成を行えば、明らかに財源不足が生じてしまう。全庁的に管理する体制が採られなければ、予算編成は破綻してしまう。そのため総合計画、実行計画策定の作業の中で徹底した事務事業の削減を図ることとした。

この作業は難渋を極めたが、そのことについては総合計画の項でくわしく記すこととする。財政推計が示すように、財源の減少が続くことが予測される中で、毎年度個々の事務事業をどうするのか、精査する作業は継続して行わなければならないことになる。実施する事業、実施はするが制度変更をして切り下げる事業、廃止する事業を一つ一つ確定させていくことの繰り返しを続けざるを得ない。ある事業を廃止する、制度を縮小するとなれば、その事業には必ず利害関係者がおり、その利害関係者との調整がうまくいくかどうかはまったく不透明である。しかも、多治見市程度の規模の都市では、担当者たちには、現実にその相手が誰であるのかも頭に浮かんでくる。そうなると一層気が重くなってしまう。

「縮小する」ことの大変さは利害関係者、既得権者との調整という作業を行わなければならず、厳しい作業を強いられることにある。それを避けていたのでは、行政を変えていくことはできないのである。

その見直し（総合計画期間五年を通しての見直し作業であった）の結果を受けて行われた最初の予算編成では、市民などとの軋轢が急激に増し、現場で対応する職員たちの苦労は大変なものがあった。

特に施設に関する見直しでは、その地域の人たちや利用者との間での調整はいずれも難航した。たとえば、施設の統合問題では当初同意していたにもかかわらず、自治組織の役員が交代して、話が振り出しに戻されたり、地域からの反対の署名運動が起きたりした。

たとえば、その役目を終えた施設、民間と競合する施設などはその用途を廃止し、普通財産として貸し付けるといった工夫もし始めた。実際に廃止、削減縮小、施設統合などに着手するたびに職員は利害関係者や利用者から罵声を浴びせられることもしばしばで、何度も議論を繰り返した上にようやく説得し、実行できることになった。

あるいは、利用団体による自主管理型の管理運営に変更しようとしても受ける主体の形成ができず、実施を先延ばしせざるを得ない事態も発生した。いずれの場合も説明会の実施から最終的な調整が終わるまで、職員たちにかかる心理的な負担には大きなものがある。

また、行政改革大綱案をパブリック・コメントにかければ、数年先の実施項目に対しても、多くの市民から批判のメールが殺到するといったことが起こってくる。

総合計画のあり方が財政推計を導入したことによって、大きく変わったのであるが、財政の観点からいえば、総合計画が予算編成そのものもコントロールするところまで進んだことがわかる。財政推計の導入、優先度の設定といったことを導入することによって、総合計画の機能は一層高まることとなったのである。

引き続き、二〇〇六年に第5次行政改革大綱の策定作業に入った。この第5次大綱の特色として、事務事業の「仕分け作業」を行っている。一つ一つの事務事業を「担い手」によって五段階に仕分けしたものである。観点は二〇〇五年度の総合計画による事務事業の見直しとは異なっているものの、結果としてはその中に廃止するものや民間で担った方が適当な事業であるといった選択を行うことで、逆に今後とも市の担っていく事務事業を確定していく作業を行ったことになったのである。

二〇〇五、六年に行った作業を通して、事務事業の選択を終え、予算編成の最終的な段階に至るまでには、政策会議の議論を通して、政策選択は終わっていることとなり、それが予算化される手順となる。極論すれば、最終の予算案が「自動的に決定」されていくシステムが出来上がってきたと言えよう。査定はかつての意味を失い、新規事業や廃止事業、制度改正などの確認作業へと変り、予算全体の微調整という位置づけへと変化してきた。ここへ来て財政そのものをコントロールするシステムが構築され、計画的な予算編成を行うことが可能となった。

また、継続して行ってきた財政計画の作成の意味も一層重要性を増し、総合計画の事業量と財源を照らし合わせ、財源にゆとりのある年度には後年度の事業を繰り上げて実施するなど、年度間の調整も可能となった。これも計画的な財政運営が定着してきたことによるものである。あるいは後年度の負担を予測して、財政の平準化を行うことや積立等を的確に行えることとなった。危険の分散も可能となったといいかえてもよい。

かつてのようにブラックボックス化していた予算編成、担当者のほとんど恣意的な財源操作、事業課と財政課のぬぐいがたい不信感と無責任といったことは、ここへきて克服されたといえよう。

改めて多治見市の財政改革について整理すれば

①総合計画による事務事業を含む行政全体のコントロールを可能にしたシステムを構築したこと
②その総合計画に財政推計と施策の優先度づけを導入したこと
③しかも、その財政推計は財政縮小という現状をきちんと織り込んだこと
④部単位の枠配分としたこと
⑤部長に予算編成権を与えることで、分権化したこと
⑥全体の政策選択は政策会議で徹底的に行うこと（新たに行う事業、廃止ないし削減を行う事業については政策会議に諮り、その方向を決定する）
⑦財政計画と総合計画によって計画的な財政運営が可能になったこと

これらのことが財政そのもののあり方を根本的に変え、市長と幹部職員が問題意識を共有し、努力をした結果として、現在の財政状況を産み出すことができた。ともに共通認識を持つことができるようになったことが、大きな成果であると確信している。財政の健全化を果たすことができたのも、こうしたシステムを構築しながら、財政運営をすることができたことの成果である。行政改革、財政改革は総合計画を機軸としたシステムの中で、総合的な取組みとしてつながることとなった。また、「選択と集中」せざるを得ない状況におかれている今日の自治体は、総合計画によって行政内容を市民に明示し、それに基づいて行政全般をコントロールするシステムが求められることになる。「選択と集中」の時代こそ総合計画がその意義を増してきているといえる。

6　施設の維持管理に修繕引当金を導入

これまで述べてきた、いわばシステム構築の取組みに加えて、様々な試みを行ってきた。一つは公共施設（箱物）の維持管理の問題である。施設建設は、量の拡大の時代から老朽化が進み始め、維持管理、修繕の時代に入った。それが重い課題として行政にのしかかってきていることを実感せざるを得なくなっている。しかも、古い建物の耐震性の不足も、重圧として財政にかかり、近い将来の負担を考えざるを得ない。また、減価償却することも修繕引当金も手当てしていない現在の財政システムの中にあっては、公共施設の建設時には潤沢な資金をつぎ込むにもかかわらず、いったん完成してしまえば、手直しのための費用や維持修繕費も予算化せず、たとえ担当課が要求したとしても一年、一年先送りすることがあたりまえ、こうしたことがどの自治体にも共通する問題である。

老朽化が進めば、早い時期に対応し、的確に修繕を行い、長持ちさせることが不可欠になってくるが、現実には修繕費が予算化されない、あるいは不足することによって、手当てが遅れることにより、施設の老朽化に拍車をかけてしまう結果となる。さらに一層老朽化が進めば、その更新を求める要求は高まり、新たに建設しなければならなくなる。しかし、減価償却を行っていない自治体にとっては新たに重い負担となり、当然一時期に多額の資金が必要となる。あるいは起債をしなければならなくなる。

減価償却しないことはその施設の継続性が担保されていないことを意味している。こうして予測された期間よりずっと短い期間で、公共施設は「使い捨て」にされる結果となる。国が耐用年数として設定している年数（それが妥当な年数か否かは疑問ではあるが）をはるかに下回る時期に、使い捨てしているのが実態である。蛇足ではあるが、日本の設計士たちがその耐用年数をクリアできるような建築をめざしているかも疑問で、四〇年、五〇年使用に耐える建物を想定すれば、その期間での機能性の変化を考え、将来に対する可変性を考慮しなければならないにもかかわらず、完成時の「見てくれ」だけを考えていることもまた事実であり、早い時期に機能不全を起こす建物が多くみられる。

多治見市ではこうした現状と考え方を変えるため、新たに建設される施設については、修繕引当基金を設けて、積み立てることにした。もちろん財政難の中で相当金額を積み立てることは困難であるが、できる限り積み立てることとし、減価償却期間の短い設備をターゲットに修繕引当基金の積立を行なっている。また、減価償却の考え方は四年に一度見直しをしている使用料・手数料について、施設を区分けし、たとえば民間と競合するような施設については、その算出根拠の中に、減価償却相当額を繰り入れて計算し、それに基づいて使用料・手数料を設定することにしている。いずれにしても、現在の公会計のあり方そのものの見直しも喫緊の課題として議論されなければならない時期にきている。

7　財政規律の確立を求めて

これからの自治体にとって、「財政規律」を確立することが大きな課題であると考え、取組みを続けてきた。たとえば、批判の強い「合併特例債」が引き起こすモラルハザードを危惧する声に応えるため、多治見市では限度額まで特例債を発行した場合に予想される償還費の内、市費で償還しなければならない額の三分の一をすでに基金に積み立てている。

多くの合併市町村において、合併バブルともいうべき事態が進行していることは将来、破綻に陥る危険性さえあることに注意しなければならない。財政規模が実力の二倍にも膨らんでいる市町村が現に存在する。合併に関する特例措置がなくなる時期にいかなる問題が起きるのかを考えれば、いかに危うい状態にあるかが容易に見てとれるのである。

一方、合併特例債の対象事業が一〇年間のうちに終了しない場合のことを考えれば、合併特例債を借り入れることの問題は決して小さくないといえる。いずれにしても、特例措置が後年度の財政に与える問題を考慮せず、財政運営を行うことの危険性を認識していない市町村は危ういと言わざるをえない。

また、「指針」に掲げられた退職手当基金もその予定額二八億円の積み立てを完了している。職員の早期退職（勧奨退職ばかりでなく、定年前に退職する職員が急増している）によって、すでにこの基金の取り崩しを行っているため、若干基金の額が減少している。

財政調整基金も近い将来予想される市立病院の建設、合併関連事業の財源として大幅に目標額を超える五〇億円を積み立て、市債償還対策基金についても、二〇〇六年度末で四五億円（上述の合併特例債償還分も含む）を積み立てている。

このように「将来にツケを回さない」という基本的な姿勢をとりながら、財政の健全化を図ってきた。しかし、「多治見市は西寺市政のお陰で、財政は健全化した。その健全化の結果、余裕の出てきた資金があるから、そのお金でどんどん事業を行おう」といった論調の発言を公の場でする人が現れた。財政の健全化と財政が豊かであることとは別のことである。

市政基本条例第二八条には「財務原則」として
1　市は、総合計画に基づいて予算を編成し、計画的で健全な財政運営を図らなければなりません
2　市は、毎年度、計画期間を定めた財政計画を策定しなければなりません
3　市は、財政計画、予算編成、予算執行と決算認定の状況を、毎年度、市民にわかりやすく公表しなければなりません
4　市は、政策目的の実現のため、効果的で合理的な予算執行に努めなければなりません

と謳っている。

実感としていえば、多治見市が行ってきた財政の健全化への営為は、職員との共同の作業として積み重ねて来たものであり、常に激しい議論をくりかえし、さまざまな困難を乗り越えながら進めて来たものである。こうした市政運営は維持されなければならないとの思いは、職員と共有してきたものと考えている。しかし、それが将来的に継続されるか否かを保障することは困難である。こうした観点に立って、次に取り組むべき課題はいかに「財政規律」を確立し、それを維持するかであり、なおかつ一層財政をめぐる環境が厳しさを増していくことを考えれば、早期にそれに着手すべきと考えたのである。

そこで基本条例制定時にはまだ想定していなかった「財務条例」を速やかに制定することが必要であるとの認識を持つに至り、その旨を職員に指示し、総合計画の中にも「財務条例制定」を位置づけ、準備段階に入った。

いうまでもないことであるが、「財政規律」の確立は、自律的な自治体をつくるためのもっとも大切なもののひとつである。しかし、現実にそのことを明確に表明した自治体はほとんどないはずである。いわば、手つかずの状態に置かれているといっても過言ではない。恐らく「財政規律」を明確化することを首長自らが恐れているからであると推察する。恣意的な政策選択を行いがちな首長にとって、規律を定めることで自己矛盾に陥ることを恐れているといえる。

その意味で「財政規律」を守り、自ら抑制的に行動し、自律的な自治体運営を行うことは想像以上に困難なことも事実である。また、的確な情報公開のないところでは、財政について議論することは困難である。情報公開の必要性、情報提供の妥当性が一層重みを増しているといわなければならない。「財政規律」を議会や市民とともに共有しながら、市政運営を行わなければならない時代に突入したともいえる。その際、首長、行政は当然のことであるが、市民や議会についても、その規律を自らのものとして行政をしっかりと監視し、財政危機に陥らないための努力が求められる。ことに議会の役割と責任は重いといわざるをえない。

8　健全な財政に関する条例

退任後、前述の「財務条例」が「健全な財政に関する条例」として二〇〇七年一二月議会に提出され、全会一致で可決された。恐らく「財政規律」を定めた条例としては全国初の条例となった。総合計画を基軸に計画段階から財政の健全化をめざすこの条例は、多治見市が歩んできたこれまでの道程に沿って作られたものである。逆にいえば総合計画に対するこれまでの取組みなしには、この条例の成立もあり得なかったことである。その意味で、財政緊急事態宣言から出発した財政との格闘も「ようやくここまでたどりついた」との思いがするのである。

この条例に実効的な内容をもたせるについては、多くの困難をはらんでいたと想像されるが、それを克服して成案を得たのは担当者たちの創意工夫に負うところが大である。この条例の意義については、現実の運用の中でいかに機能するかを注意深く見ていかなければならないが、情報公開をその基底に据え、財政のあり方そのものを白日の下にさらすことによって、これまで難しかった財政に関する市民や議員との情報共有や同じ地平に立って議論することのできる基盤を築いたことは、必ず今後の市政運営に有効な機能を果たすに違いない。言い換えれば、市民や議員がこの条例をどう使いこなすのかが問われているといえる。

また、特筆すべきは、私が面接した幾人かの議員がこの条例の制定に積極的であったという事実である。後述するように行政が提出した市政基本条例の審議を通して、私自身議会に対する失望感を抱いたことは事実である。しかし、激しい議論を通して互いに学んだことが、今日無駄ではなかったと考えるようになった。真正面から対立している状況の中で、逃げることなく互いに議論することは必要不可欠なことであることを、この事実は示している。行政の立っている状況を的確に伝え、何をなすべきかを明確にすることなしには、市政をめぐる議論は成り立たないことはいうまでもないことであり、それを避けて通ることなしには前進することはできないと実感されるのである。

9　政策会議（庁議）

ここで度々登場する政策会議（庁議）について述べておく。私たちは政策会議（庁議）の役割をとても重視してきた。政策会議の機能を高めること、当然積極的に出席者が発言をし、議論が成り立つことが必須の条件となる。かつては他の部署のことについて発言をすると、次には自分のところのことに口を挟まれる、いわば互いに不可侵であることが部長間の暗黙の了解といった会議であった。

そうした垣根を取り払い、政策選択を行う、新たな政策・制度を立ち上げるといった際には、必ずこの政策会議を通さなければならないとするルールを設けた。厳しい状況の中で行財政改革を行うことになれば、黙っておれば自らの部にその影響は及んでくる。また、他の部署との合意や互いの協力体制がなければ成り立ち得ないことも多く、ただ単に自らの部のことばかりではなく、それを越えて積極的な発言が求められるようになってきている。

部長には予算編成権、人事配置権を与え、責任ある体制づくりを各部に求める一方で、全庁的な合意形成の場として政策会議での議論を重視してきた。それはボトムアップとトップダウン双方の接点でもあり、調整の場でもあると位置づけているからである。双方向に機能する会議にしてこそ庁内民主主義を確立する出発点であると考えてきた。事実、政策会議での議論は次第に活発になり、形骸化した「御前会議」ではなくなってきている。

市長と助役の考え方がまったく異なり、政策会議の席で激しく議論することも日常茶飯事であった。あるいはどこかの部が提案してくる新たな制度に対して疑問点、問題点を議論し、何度も設計変更といったことも常に起った。基本的に市長が部長たちを呼びつけて密室で打ち合わせて、事を決めていくといったことはなくなった。担当者たちも市長や助役に話しておけばそれで済むということもなくなり、あくまでも最高の決定機関である政策会議の場を大切にし、その場の議論を経て、行政としての決定をする、そのルールを徹底してきた。陪席している若い職員が政策会議のメンバーを説得したり、ルール違反を注意したりといったことも頻繁に起きるようになってきた。

かつては木曜会議といういわば最高幹部会議（三役、教育長、総務、企画部長、教育委員会事務局長で構成）、部長クラス以上で構成される政策会議（庁議）、課長級の連絡調整会議という形で庁内の会議は構成されていた。会議の順序もこの順で行われていたため、木曜会議で決定されてしまえば、他の会議は単なる連絡会議と化してしまう、それぞれが独自な考え方を述べ合い、議論するということが皆無に近い状況で、「上が決めたことだから」といった意識が庁内に蔓延していた。

そこで、それぞれの会議の位置づけを明確にし、木曜会議（現在は木曜レクチャー会議）はまだ政策ともいえない、星雲状態の問題を多治見市としてどう受け止めるかを議論し、その方向性を示すことや事の性質上機密を要すること、国の制度などが新設されたり変わったりで、将来市にも影響が及んでくることの準備などについて、方向性などを決めたりする役割に限定し、決定機関としての位置づけから外した。

実際の決定までの道筋は事業課から出された案件を部の調整担当課長の会議である調整会議に諮り、それを調整会議の意見を付して政策会議に回し、決定することになっている。しかし、時として計画などの重要な案件にもかかわらず、故意かどうかは別として政策会議にかけないで「報告」としてあげることがその後もつづき、そうした部課は政策会議の場で叱責を受けることになる。

また、余談ではあるが、市長は会議での職員の発言が「やりたいけれど、なんらかの理由があって本当にできない」のか「やりたくないので、その理由を述べ立てている」のいずれであるかを判断する能力を身に付けなければならない。市長就任当時から二年ほど、部長たちがやらない、やりたくない理由を理路整然と述べ立ててサボタージュすることが多く、やりたい、やらなければということにはほとんど発言がないことに悩まされた経験をしてきたからである。

なお、政策会議のメンバーは行政改革本部のメンバーや総合計画の庁内の策定本部、人事考課である「目標管理制度」の組織目標のチェック、難易度の設定、評価を決定する役割もかねていることによって、市の最重要な課題については政策会議メンバーが必ず関わることにした。

Ⅱ章　市政改革の土台としての

情報公開・市民参加・政策開発

1　情報公開　――開けっぴろげの市政をつくる

情報公開制度はその充実についていくら強調しても強調しすぎることはない。情報公開の必要性は、ただ単に情報公開にとどまるのではなく、コンプライアンス（法令遵守）を保障したり、アカウンタビリティ（説明責任）を支えることになるのである。そればかりではなく、積極的な運用によって市民との情報の共有化が進めば、市民自治を進める上で大きな役割を果たすことにもなる。今必要な市民と行政の間の信頼関係の再構築を図るためにも重要なカギとなっていることはいうまでもない。

しかし、情報公開の制度はあるものの、いっこうに役所がオープンにならないといったことをよく聞く。「公文書公開条例」としての情報公開条例を作り、市民が公開請求をすることにだけ対応しているのであれば、役所は旧来のまま市民に閉ざされた存在でしかない。

多治見市は制度が確立する以前から、財政状況についての情報を市民に分かりやすく提供して、「財政緊急事態宣言」の意味を知らせ、共通の課題として考える素地をつくった。議会に提出する資料もかつてに比べれば、はるかに質・量ともに充実した。

多治見市では重要な、しかも運用に左右されるような条例には逐条解説した付属文章を添えて、議会へ提案することにしている。財務情報を的確に提供するため「わかりやすい予算・決算書」を発行するとともに、予算書、決算書に定められた付属資料に加えて、市独自の資料も添えて提出することにしている。

情報公開制度を実効性のあるものにするためには、請求に応えて行なう公文書の公開にとどまることなく、積極的に市政情報の提供を行うことが不可欠なことである。しかも、その提供も分かりやすく、的確なものでなければならない。広報誌において折々の課題を読みやすく情報提供したり、ホームページに掲載する情報も的確に提供されなければならない。

しかし、行政側が恣意的な情報操作を行い、自らに都合のよい情報だけを選んで、提供する恐れは常に存在する。それを防ぐのは議会の議員がその状況を把握し、監視することである。また、市民が積極的に制度を活用して、情報の適否を判断する能力を身につけ、行政を常にけん制することである。

行政は無論完全無欠ではない。情報公開することで誤った対応や不正な行為が明らかになることもゼロとはいえない。しかし、そうした事実が発覚した時、自ら「間違っていました。ごめんなさい。これからそうしたことが起こらないよう改めます」と頭を下げることができるかどうかである。そして、いち早く再発の防止に努力することである。

簡単そうに見えてこれができないのである。毎日のように起こっている事件の当事者たちの対応をテレビでみていても、それができない。事態が泥沼化することを視聴者の方が気づいてしまっているにもかかわらず、当人たちが必死に抗弁する姿をみれば、そのことが容易でないことが分かる。

情報公開条例

多治見市が情報公開条例を施行したのは決して早い時期ではなく、一九九八年一月一日である。その準備行為として文書管理の方式をファイリングシステムへと切り替えた。このファイリングシステム自体の有効性は大きい。しかし、それはいわば条例制定を先延ばししたい担当者の時間稼ぎでもあった。市議時代、幾度も情報公開制度の確立について市当局の考えを質したが、言を左右し、条例制定を避けてきていた。

情報公開に否定的、もしくは消極的であった状況を打ち破るため、選挙の公約にも、情報公開制度の確立を大きなテーマの一つとして掲げ、そして、市長を引き継ぐこととなった。しかし、幹部職員たちは相変わらず情報公開制度については否定的であり、庁内で合意が簡単に得られたわけではなかった。

職員たちは情報公開によって、「何かまずいことが出てくるのではないか」という漠然とした恐れを抱いている。もちろん現にまずい情報が隠蔽されていればなおさらである。情報公開制度のない行政では隠蔽や情報操作を行うこと、不都合なことがあれば、それを隠蔽することも可能である。

議会などで資料請求されると資料を小出しにする、鋭く追及されるとまた別資料を提出するといったことが今でも、しばしば起こっている。かつての多治見市議会もそうであった。あるいは請求されなければ、資料を出さないといったこともあたりまえのこととなっていた。それは議員や市民の不信感をいっそう煽ってしまうことになる。こうした状況を変えていかなければならないという問題意識を私はずっと抱き続けてきた。

選挙公約として掲げた情報公開制度を作り上ることは私の責務でもあった。渋る職員たちに一九九八年一月一日には施行することを指示し、条例案を準備することにした。この条例は市民委員会方式で条例案を策定した第一号であるとともに、「前文」を持つ条例としても最初の条例である。

その前文は

「今日、市政に対する市民参加の推進と、公正で民主的な開かれた市政の確立が求められている。そのために、市民が市政に関する情報を十分に享受できることが必要であり、市は、自ら保有する情報を積極的に公開する責務を負わなければならない。

また、行政の意思決定について、その内容及び過程を市民に明らかにするため、総合的に情報公開が推進できるよう努めなければならない。このことは、単に請求に応じて公開することにとどまらず、市が自主的に情報を公開することを意味する。

市は、基本的人権又は市民の市政の主権者としての「知る権利」を具体的に保障し、かつ、市政に関し、市民に説明する責務を全うするため、ここにこの条例を制定する。」

と述べ、「知る権利」を明記するとともに、市政運営の中で果たす情報公開制度の意義を明確にした。

また、実施機関に議会を含めることについては、議会側も了承し、すべての組織、機関を実施機関とすることができた。

条例施行に合わせて最初に行ったことは、当時、カラ出張、裏金問題、官官接待が社会的に問題となっていたことや多治見市の食糧費が多額に上っていたことの反省もあり、交際費、旅費、食糧費についてはは常時閲覧できるようにした。交際費、旅費について毎月地元ミニコミ紙がその内容について特別に枠を設けて掲載していたが、問題になるようなこともなく、まもなく掲載も消えた。

情報公開制度の持つ意味は、役所の体質を変えることである。それをきっかけに、役所を「開けっぴろげ」にしようと努めることである。問題は市民から公開請求があるかどうかではなく、自らオープンにしていくことなのである。もちろん秘密を保持しなければならないことは存在する。しかし、本音と建前を使い分けなければならないようなことを行っていたのでは、隠蔽体質から抜け出ることはできない。あるいは、アンフェアなことを承知で行っているとすれば、それも開けっぴろげな市政には程遠いことになる。

「開けっぴろげ」の市政が成り立ってくると、「内緒」を持ちつつ仕事に従事することに比べて、どれほど仕事がやりやすくなるか、職員自身が実感するようになる。気分はずっと楽であることが分かってくる。嘘をついたり、隠したり、歪めたりする必要がなくなってくるからである。

様々な文書は、公開されることを前提に作成されることになる。あるいは不祥事やミスの発生があった時も、それを隠蔽するのではなく、公表し責任の所在を明らかにすることによって、再発の防止にも寄与する。間違いや改めなければならないことを率直に認め、謝ることができるようになり、改善する契機ともなる。

市政運営の中で、不祥事や失敗など起きてくることがある。もちろんそれを市民から指摘されることや議会で「爆弾質問」として指摘されることは、行政にとってはつらいことである。そうした事態が起こらないように行政側がその情報を得、対応を決定した時点で、隠蔽することなく明らかにする。これはあたりまえのことであるが、隠蔽体質は役所に付き物と思われている程、隠す方向に動く組織もある。しかし、多治見市は徹底的にその公表を行ってきた。そのため一二年間、議会でそうした爆弾質問を受けたことは皆無に近い。

公文書の公開のみならず、会議の公開についても積極的に取り組むこととし、条例の改正を待たず、さまざまな審議会や市民委員会の公開が根付いていった。こうした会議の公開は会議のメンバーの意識を変え、自覚的に責任を持って発言がなされるようになる。

そして、次には傍聴者への資料提供はもちろん、傍聴者の発言も認める方向に至る。会議も座長との事前の打ち合わせで議論の方向性をあらかじめ決めて、座長がそのように誘導するといった裏での工作をしないで行なう習慣も定着してきた。会合が委員からの発意で回数も時間も延長され、年度をまたいで議論が展開されることもしばしばである。

このように、当初の情報公開制度は「公文書公開条例」の色彩が強かったが、実際には多治見市では会議などの公開にも積極的に取り組む姿勢を条例施行とともに進め、その定着とともに、実態に合わせて条例を改正してきた。また、土地開発公社をはじめとする外郭団体についても、いち早く情報公開制度を立ち上げ、その実態を明らかにする取組みを行ってきた。

情報公開についてのエピソード

このように、オープンな市政の実現を目指して情報公開制度の充実を図り、体質を変えることに努めてきた。その過程で起きたことについてのエピソードをいくつか挙げて、多治見市の取組みの状況を伝えたいと考える。

その一

名古屋市の次期一般廃棄物最終処分場計画が破綻し、多治見市内にある名古屋市の処分場の延命化を名古屋市から求められるという事態が起こった。その延命化を認めるか否かを検討する有識者の会議が公開の中で行われ、名古屋市の担当者も傍聴し、彼らが見つめる中で議論が展開された。

その会議の結果は、処分場の延命化は認めるが、名古屋市に対し、いくつかの条件や義務を課す必要があるとの結論になった。処分場の安全対策や廃棄物の減量化、安全性などの条件や義務を決定する最終の会議において、委員たちと多治見市の担当者たちのやりとりが行われたが、その一部始終は名古屋市の担当者が傍聴する中で行われた。そこで決定された通り、名古屋市との間で取決めがなされた。

その二

また、自前の一般廃棄物最終処分場の建設をめざしていた多治見市において、以前行われた適地調査は不適切であり、その撤回を求めるとの意見が予定地周辺の住宅団地住民から出された。

それを検討する市民委員会において適地調査を白紙に戻し、改めて現有の市有地の中から、候補地を選定することとした。

そのために設けられた「選定委員会」は最初の会議から最終的に三カ所の候補地を選定するまでの間、すべての会議も資料も公開で行った。委員長は傍聴者からの発言も積極的に求める進行を行った。その三カ所から、最終的に市長の政治的判断として一カ所に決定したが、その場所は当初想定されていた位置であったが、選定委員会の審議を徹底した公開の下で行い、公正さも確保されていたことを評価した地域の人たちはほとんど反対もなく、その決定を受け入れてくれた（処分場の大幅な縮小、埋立物の種類、埋立て方法の根本的な見直しといった環境負荷を極小化する取組みが評価された面もあるが、公開で決定までいたった過程そのものが高く評価されたものである）。

その三

岐阜県庁で発覚した「裏金問題」を契機に、多治見市でもそうしたことが行われていなかったかどうかを検証しようと、すべての部署の保有する口座について調査し、その口座にあるお金の性格を分析して公表した。

もちろん裏金は存在しなかったのであるが、取扱いの不適切なものが散見された。それをすべて調査票としてまとめ、公表するため、記者会見を行ったが、記者から「たったそれだけのことか」と記事にもならなかった。

その四

コンピュータのミスや市民への書類送付の際のミスが続いた時、その度にその事実を公表したため、共産党市議から本会議一般質問で、なにもかも公表すると職員のモチベーションが下がる、公表は慎重にといわれた。

一方、政策形成過程において、いかに情報を市民に提供するかについても、広報紙やホームページにおいてさまざまな試みを行ってきた。情報の提供は市民参加や市民が市政に対する関心を持つための前提条件である。広報紙の「お知らせ広報」からの脱却をめざし、努力してきた。

初期の段階ではメーンになる記事を見つけ、編集するのに苦労していた担当者も、後にはどう紙面を空けて、各課からの掲載要望に応えるかに苦労するほど、計画や制度の変更について政策形成過程の情報が出されるようになった。

また、前述したように、財政に関する情報を分かりやすく示し、困難な時代を市民と情報共有することで歩んできた。総合計画策定時には前の計画の総括と地域課題を抽出して、議論の核となるべき情報を策定委員と共有しながら、計画づくりを行なってきた。

このように、市民と行政、議会が政策にかかわる情報を常に共有して市政に参加することを目指してきた。

2　市民参加　――民主主義の原点を忘れないために

最初の市長選に掲げた「多治見を変える」のスローガンに基づく最重要課題と位置づけたのが「市民参加、情報公開の市政づくり」であった。私は市議の時代にさまざまな市民運動に関わったり、市民の活動を知る経験をしてきた。その経験から、自立的な市民の活動がこれからの多治見を変え、支えていくものになると確信していた。しかし、そうした活動と市政との関わりという面からみれば、まったく不十分なものと言わざるを得なかった。むしろ、敵対するものとして考えられていたといっても過言ではない。

市民活動が活発化した要因には、多治見が名古屋のベッドタウン化し、多くの人が名古屋都市圏から移り住むようになり、地域社会が大きく変化してきたことがあげられる。移り住んだ人たちの間で、地域との関わりを模索する中で様々な活動がめばえていった。そうした活動が市政、行政との接点を求めようとすればするほど、旧来の多治見市の陶磁器産業という地場産業を基盤とした、旧市街地の古い政治的な構図に依拠する市政の姿が浮かび上がってきた。当時、審議会などはほとんど例外なく「宛て職」で構成され、形骸化した旧来の「市民参加」以外に行われていなかった。こうした審議会はほとんど発言する委員もなく、スケジュール通り行政の意向を追認していたにすぎない。そうした「市民参加」のあり方を変えていく姿勢をみせない行政に対する不満は次第に大きくなっていった。それが多くの市民の目に市政の「停滞」と映ったとしても、不思議ではない。

都市型市民の参加型指向は、この場合「停滞」打破の方向に向っていくのはいわば必然的なものであった。

こうしたことを背景に、前述のような「市民参加・情報公開の市政を！」というスローガンを掲げて選挙戦に臨むことを考えた。市政の停滞を突き崩すためには、市民の高いポテンシャルを生かし、新しい政治を生み出すことが不可欠と考えたからに他ならない。

就任後、直ちに「市民参加」の仕組みを導入することとし、二つの市民委員会を立ち上げた。エコシティ市民委員会、福祉のまちづくり市民委員会の二委員会である。

これらの委員会には課題の抽出、問題設定の段階から政策提案に至るまで、自由な議論を展開してもらうことを期待していた。委員も公募の委員を含め、自由闊達な議論ができるメンバーに依頼した。会議が始まると私の期待通り、いきいきとした活動が開始され、旧来の審議会などにみる委員の表情とはまったく変わったものとなった。私は委員たちがこの機会を待っていたかのように活き活きと活動する姿を見て、新鮮な印象を受けた。

エコシティ市民委員会からは一年の議論の積み重ねの上に、「風の道構想」と名付けられた緑化計画の提案がなされた。その後、この構想に沿って、多治見市の公共施設や公有地を中心とした緑化政策が展開されてきている。学校施設では子どもたちの授業の一環として植樹が行われ、ビオトープづくりなどへ引き継がれている。また、民有地の緑地保全や緑の創出、緑のマスタープランの基礎となり、緑のボリュームアップ作戦として緑化関連予算を別枠で確保して事業を展開することができたのも、この出発があったからである。

多治見市は太平洋戦争を挟んで盆地を取り囲む丘陵の荒廃は著しく、緑を失った丘陵はいたるところで白い地肌を晒していた。ようやく三〇年、四〇年の年月をかけて緑は蘇ってきたが、一方で住宅団地の開発、市街地の拡大と緑が急速に失われる状況の中で、市民の中にも環境の悪化を危惧する声が多く聞かれていた。こうした声に委員会は的確に応えたものといえる。最近では「日本一暑いまち」として有名になった多治見市にとって、まちなかにおける緑の創出が大きな課題であることを考えれば、環境問題への取組みとして極めて重要なものであるといえる。

一方、福祉のまちづくり市民委員会も同様に一年後、バリアフリーとノーマライゼーションをキーワードとする施策体系の提案を行った。多治見市におけるバリアフリーの取組みはこの委員会の提案に依拠して始められた。その結果、公共施設のバリアフリー化は急速に進み、市民ボランティアの積極的な活動を惹起し、民間施設への取組みにも発展していくことになる。ハードの面での整備のみならず、市民生活の中でのノーマライゼーションへの取組みも行うことができた。この委員会の提案趣旨に基づき、今日までバリアフリー講演会が継続されている。

これらの委員会の印象は行政にとっても、市民にとっても鮮烈な印象を残すことになった。それとともに紆余曲折、試行錯誤を繰り返しながらも徐々にではあれ、行政の中で「市民参加」を行うことの意味、意義が理解され始めていくことになった。

その後、男女共同参画プラン、環境基本条例・計画、個人情報保護条例、情報公開条例、循環型社会システム構想などいずれも行政内部のプロジェクトチームでの検討と並行して、市民委員会で議論を進め、相互に議論して原案を作り上げていく方式が定着するようになった。

私は計画づくりなどを行う際、市民参加の過程を踏まないものについては厳しく対応して、スケジュールの変更を行わせ、例外なく着実に市民参加を実施することを習慣づけさせた。「市長がいうから仕方がない」という段階から、多治見市にとって「市民参加は必要」と職員の意識は変わり、市民参加はあたりまえのこととなった。

こうした市民参加で作られた、さまざまな条例・計画づくりが新たな考え方を多治見市政の中にもたらすようになってきた。たとえば、環境基本条例に位置付けられた審議会では、審議会自らの発意によって調査研究を行うことはもちろんのこと、市民から提出された提言、意見書などについて自主的に議題とすることができるよう規定した。この環境審議会は傍聴者の発言をも認めることとなった最初の委員会でもある。

また、子どもの権利検討会議では、委員会が自主的に「子どもの権利」について様々な団体、個人に対するヒアリングを行い、誤解の生じやすい、この「子どもの権利」について、理解を得るために委員会自らが活動を始めた。この委員たちの努力によって子どもの権利に関する条例は成立したといっても過言ではない。しかも、「子どもスタッフ」の活動を支援し、毎年子どもたちが自ら企画運営する「子ども会議」を開催してきたのも委員たちに負うところが大きい。

その他にも、委員会が主催する市民集会を開催し、多くの市民と議論し、それを持ち帰って、さらに議論を深めるといった試みがなされるようになった。

民主主義の課題

このように、市民参加を単に形式的にセットすることにとどまらず、委員会自らが独自な方法を見出し、行動する、それに対して行政側も協力しながら市民参加を進化させていく方式が急速に定着してくるようになった。しかし、それらがすべて順調に進んだわけではなかった。しばしば、遭遇する批判や戸惑いが付きまとう。そこで現れる課題をどう考えるかは民主主義の課題でもあることに気づかされる。

①　行政、市民双方の訓練が必要

これは現実に起こったことであるが、公園を整備するワークショップを開催した際、市民相互の議論が成り立たず、それぞれの委員が自らの主張はするが、他の人の提案について意見を言わない。

そのため整備計画に個々の委員たちの要求が、次々にプラスされていく。コンセプトに沿って何が必要で、何がいらないかといった議論が展開されない。選択が行われないのである。この委員会に参加していた高校生が「私は二度とこうした会議には出席しない。なぜなら、みんなの要求を盛り込むことで結果的にどこにでもある公園になってしまった。つまらない会議だった。」と発言した。

この公園のテーマは、市内でも数少ない湧水を活かし、生き物にやさしい（ビオトープ）公園づくりを行うことをコンセプトにしていたにもかかわらず、それらはほとんど参加者に伝わっていないまま出発し、公園に関する情報も、先進的な事例の紹介もほとんど用意されていなかった。職員たちは市民の議論にすべてを委ねてしまい、司会進行をコンセプトに任せて、傍観者のように振舞っていたのである。

②「市民参加」に誰が参加するか。

数少ない委員が市民の意見を代表しているといえるのか。しかも、出席できる環境にある人は限られ（委員会はしばしば昼間行われる。そのため出席できる人が限られてしまう）、結果的に同じ人がいくつもの委員会に出るといったことが起き、議会などで批判が出される。

しかも、委員を募集して構成しても、行政の恣意的な選択が行われているという批判をかわすことができない。

行政が市民の意見を聞いているというアリバイづくりに終わっているのではないか。そのために市民を利用しているにすぎないのではないか、といった批判は付きまとう。

情報や会議の運営を行政が都合のいいように、コントロールしているのではないかといった疑念を持たれることも多い。従来の審議会などがそうであったように、「市民参加」においてもそういうことが行われていると考えられてしまうのである。

実際には多治見市の委員会に参加した人たちの感想を聞くことがあるが、情報の質や量においても、会議の運営についても、公正で自由な議論を保障している。要求した資料はきちんと作られ、提出される。活発に議論が展開されていて、役所の会議がこんなだとは知らなかったといった意見がほとんどである。

こうした問題をクリアするために、さまざまな工夫が必要となってくる。一般の市民が参加しやすい会議の持ち方を考える。階層や性別、年齢など、できる限り地域社会の構成に近い、偏りの少ない委員の選出法を考えるなどである。また、当然であるが、議論の過程を通して会議録を作り、公表することは不可欠なことである。

③　逆に、行政は主体性や責任を放棄して、「市民参加」に丸投げをしているのではないかとの批判が現れる。

前述の例のように行政が市民に「丸投げ」している例は多治見市でも、他にもある。自らにはいいアイディアがないけれど、市民の中からいいアイディアが提案されるかもしれないといったタイプの「丸投げ」やともかく「市民参加」をしなければならないから、会議の進行はコンサルタントに任せて、何でも意見をいってもらって、議論してもらえば、プランはできるだろうといったタイプのものがある。行政が行わなければならないことや地域の特性に合わせて施策を組み立てなければならないことについてさえ職員は何もいわないでいるといったことが起こる。職員が自らの問題意識や主体性が希薄な場合に起きてくるのである。

職員の経験不足から、自分の立ち位置が分からないとか、的確な情報提供に必要な資料収集を怠るとかすれば、こうした批判が起こってくるのも当然である。

「市民参加」を進めていけばいくほど職員の役割も変わってくる。当然市民と対等な立場で議論する力量や姿勢が必要であるが、それ以上にファシリテーターとしての役割やコーディネーターとしての力が求められるようになってくるのである。職員の役割がかつてのそれとは明らかに変わってきていることに職員たちが気づかなければならない。

今一つの問題は、政策の決定過程における問題である。「市民参加」が決定の主体やそれに伴う責任の所在を不明確にし、結果的に首長が自らの判断（決断）を委ね、責任を回避しているといった批判が出されてくるのである。議会でしばしばそうした発言がなされた。

このような批判や疑念が、特に議会から代表制民主主義との関わりで意見が出されることがしばしばである。現実に様々な自治体での市民参加の例を聞けば、市民参加さえも形骸化させている自治体が多いことに気づかされる。御用学者といわれるような人を委員長に据え、その委員長と事前の筋書きを打ち合わせ、強引にでも行政側の案を認めさせるようなやり方がいまだにまかり通っている自治体も多い。まさに追認、権威付けのために市民参加が利用されている、そうした例は枚挙に暇がない。

職員の役割が変化

市民参加を行っていくためには「議論」の成立が当然ながら前提である。しかし、現実には前述したような事態が発生する。それは情報不足、経験不足の側面があることは否めないが、大きな要因として職員たちの意識の問題が現われてくる。いまだに「お上意識」を払拭できず、たとえば、公共事業は善であると素朴に考えている職員さえおり（その結果、行政が折角いいことをしようとしているのに、市民が邪魔をすると考えてしまうことになる）、そうした職員にとって市民参加は邪魔なことでしかない。そういう職員にとっては、市長から実施を求められる「市民参加」はどうでもいいことにすぎない。

あるいは、これまでに経験したことのない「会議の運営」という新しい役割に対応できない職員もいる。逆にいえば、市民参加を通して職員の役割が変化していくことに気づかなければならない。

職員たちの経験不足を補い、実践的な訓練をさせるため、公園整備計画の策定を職員自らのワークショップによって、行わせたこともある。通常の業務の中ではなかなか経験することのできないことであり、こうした「実習」によって経験を積ませ、実感として職員の役割を知ってもらいたかったのである。

市民が声を荒げる場面も時々は起きる。しかし、会議を冷静に聞いていれば、「市民が勝手なことをいう」という事態はほとんど発生しない。むしろ、これまでの行政のあり方に問題があるために、市民の感覚と職員の意識とのギャップを埋めることを求めていることが多い。しかし、職員たちはそれに気づかず、旧来の殻を打ち破ることがなかなかできない。

また、市民の中にどんな人材があるのかについての情報を得ることは、とても重要なことであるにも関わらず、意外に難しいことである。もちろん、市民活動を積極的に行っている人たちと行政との接点が多いため、その人たちの考え方は把握することはできる。しかし、多治見市内で活動をしていない市民の中にどういう人がいるのかを見つけだすことは容易ではない。一〇万都市という比較的見渡しやすいところでも、困難が伴う。こうした人に関する情報をどのように集めるのかが課題となってくる。

しかし、最近では変化が表れ始めている。それは定年退職者の応募が増え始めていることである。さまざまな経験や専門的な知識を持った人たちの参加が見られるようになってきたのである。このことはこれからの新たな力になる可能性を示している。

一方、さまざまな形の市民活動が活発になってくると、行政と対立することも少なくない。厳しく問題点を指摘する人たちや行政の施策に対する批判を持ちながら、活動している人たちも多い。こうした人たちは行政にとって大変な財産であると考えることができるかどうかが重要である。

私は常に「一番厳しいことをいう人を委員にする」ことを職員に指示してきた。もちろん、なかには

「壊し屋」とでもいうべき言動をする人も存在する。しかし、そうした人は継続して市民活動をするようなタイプの人ではない。そのような人では継続して市民活動を行うことができないからである。議論において非妥協的な姿勢を貫く人もいるが、ほとんど例外なく「落とし所」を見出して結論を見出すことができる。その際、会議の日程を延長したり、会議時間を延長したりすることは頻繁に起こってくる。はじめに組んだスケジュール通り、行政が頑なに通そうとすると、会議は紛糾することになるのである。いったん委員会での結論が出されれば、議論に参加した委員たちは積極的にその後の実施や運営などについてもかかわってもらえることが多い。あるいは監視者として的確な実施を求めて行動する人も現れる。

当然ながら、市民参加を行っていく中で試行錯誤が繰り返される。失敗に学んで進むことも大切なことである。その過程で職員たちの意識が変わっていけば、次に進むことができる。多くの蓄積の上に、多治見市は多治見市独自の方法を見出していけばよい。

市民参加の市政を築いていく前提として、最初から一方的に押し付けるような偏りのある市政運営を行うことなく、フェアな市政運営が求められてくる。多治見市ではたとえば合併の議論の中で賛成派、反対派双方の意見を持つ人が発言できるタウンミーティングを開催した。問題の多い国民保護計画を策定する際も協議会に先立って、賛成、反対の立場を鮮明にする有識者による講演を行い、立場の違う人たちによるシンポジウムを開催した。与件をもってよしとするのではなく、市民に問題点や課題を明確なメッセージとして伝えなければならない、それなくして市民との信頼関係は築けないと考えているからである。

こうしたスタンスをとることによって、市民参加についてもその信頼性を増してくる。多治見市の市民参加は立案、執行、評価の各段階（PDCA各段階）において、ほぼそのシステムも確立したと考えている。実態的に進めてきた市民参加を市政基本条例の制定やその関連条例である市民参加条例、パブリック・コメント条例（二〇〇七年九月議会で成立）、市民投票条例（未成立）を提起することで、制度的に確立してきた。いわば、市民参加も「次の段階」へと歩を進める時期にきたと考える。

市民参加の方策も様々なチャレンジが行われていくことが予想される。多様な意見を持つ人たちの発言の場をどのように設けていくかが追求されていくに違いない。

市政基本条例の制定に向けて動く中で、多治見市の市民参加を総括し、さらなる前進のために「市民参加制度検討委員会」を立ち上げた。その中で強調され、次のステップとして多治見市に求められることは「政策決定過程への参加」のあり方を追求する必要があるのではないかとの指摘であった。

市民参加も今後、他の事例に学んだり、開発しながら一層深化していくに違いない。その際、常に市民参加にとって適切な情報を市民と行政が、共有していることが前提条件であることを忘れてはならない。さらに一層情報に対する行政の考え方を確立していかなければならない。それを怠れば、偏った情報のみで市民に判断を求めるような事態に陥ることが危惧されるからだ。

「イニシアティブ」や討議デモクラシーといった手法にチャレンジしていく、そうした自治体も出てくるに相違ない。しかし、それを支えるカギは、情報に対する政策のあり方であるといっても過言ではない。

ことに市民投票制度の確立をめざす多治見市にとっては、どのような情報を提示していくのか、あるいは議論の場を提供するのかといった観点からの検討が求められている。

市民投票が行われる場面を考えれば、市民が賛否両論に分かれて争うような事態が想定される。その際どのように情報提供するかは決して簡単なことではない。行政が自らに都合のよい情報だけを出すことになれば、将来にわたって亀裂を生じないとも限らないのである。

今後、地方分権がさらに進めば、自治立法が求められる機会は飛躍的に増していくと考えられる。その際には、市民と行政の間の双方向の情報のキャッチボールが不可欠になってくるに違いない。そうした際にも行政の情報に対する考え方が問われることになってくる。

一方、最近では多治見市のいろいろな地域で同時多発的にまちづくりの自立的な活動が始まっている。決してそれまで活動が活発とはいえない地域においても、そうした現象がみられるようになってきた。行政が主導して行ってきたこれまでのまちづくりが明らかに自発的、自主的な方向へと変化し始めている。この現象は市民参加の蓄積によって行政と市民の関係が徐々に変化してきた結果であると確信している。市民活動の自立化はこれまでの市民と職員の関係も変え、職員の役割も変えていくことになる。職員はいわば「黒衣」に徹することである。それはこれからの職員にとってますます大切なことになるに違いない。

3　政策開発（その一）――縦割り行政の壁をこえる

しばしば市長が悩まされることの一つは「縦割り行政」についての問題がある。政策を遂行する上で、さまざま支障が生じたり、調整に時間がかかったり、譲り合い（避けあい）で身が入らずといったことがひんぴんと起こる。実際、市民と話していても「縦割り行政」についての苦情は、もっとも多いことの一つである。市民が日々役所の職員と接する度に感じていることでもあり、現実に怒りを感じることも度々である。その結果、行政への不信感を市民に持たせる要因の一つになっている。窓口でタライまわしされる、責任を回避するといったことは、どこの役所でも起こっている。

政策形成の上でも、縦割り行政が続いている役所では総合的な行政といった観点からみると、はなはだ心もとないことが起きるのである。たとえば、緑化ということを考えてみよう。「緑のマスタープラン」の作成は都市計画のセクションが作成する。まちづくりの中で緑の占める役割は大きい。しかし、それだけに限らず、緑の問題は環境政策の一つであり、治山の一環としても取り組まなければならない問題でもある。課題の設定の際に、誰かが「総合的な施策であるべきであり、各セクションが共同で作成すべきである」と提起しない限り、担当のセクションが他のセクションに共同で作成しようと声をかけることはない。「緑のマスタープラン」は都市計画セクションの仕事でしかないことになってしまう。

市長就任後、政策会議の場で議会の一般質問をどのセクションが受け持って、原稿を書くのかを割り振りした際、分掌が明確な質問はともかく、二つにまたがったり、新たな領域の問題であったりすると、部長たちが口々にそれは自分の部の問題ではないと主張して、引き受けを拒否する光景を見て仰天したことがある。もちろん、現在では進んで引き受ける姿勢に変っているが。

また、毎年度の予算編成方針の中で、バリアフリーや緑化などについて、私自身が項目を起こして「全庁的に取り組むべき課題」を掲げざるをえなかった。縦割り行政型の思考にとらわれている職員にとって、バリアフリーは福祉の、緑化は公園担当の仕事でしかない。全庁的に取り組むべき施策であっても、特定のセクションの仕事であって、うちの仕事ではないと考えた途端、なんの取組みもしない性癖を持つのである。

最初に苦労したのはバリアフリー施策の実施を掲げた時、「それは福祉の仕事で、なぜうちがそんなことをしなければならないのか」と福祉担当者は言われ続けた。担当者と私はどうやって全庁的に実施することができるのか、ことに公共施設の改良をどうしたら現場で考えるようになるのか、それを行わせるためには、どこかにチェックするセクションを設ける必要があるのではないかなどと話し合った。

検討の結果、施設点検を実施し、計画をそれぞれのセクションで作らせ、それによって改良計画を立ち上げることにした。にもかかわらず、わざわざ私の所へ来て、「うちの施設は不特定多数が出入りするところではないので、改良の必要がありません」という。あるいは新規に建設中であった施設の点検にいって、「バリアフリーが十分ではない。それを改善せよ」と指示し、工事が終了して再びいってみれば、施設周辺の歩道と建物を傾斜の角度など配慮することなく、ただ擦りつけて、スロープ化がされている。歩道を車椅子で通れば、確実に車道側に転倒する急角度になっているといったことが起こったのである。こうした状況であるため、粘り強く同じことを言い続けて、ようやく三年ほど経って、バリアフリーが定着した。

もっとひどいケースは計画を作った時の責任者であった者が、その計画の実施を担当する部署へ異動したとする。計画に位置付けられた施策や対策は自分がその計画に書き込んだはずであるのに、実施段階ではまったく忘れてしまったかのように、何んの手も打たないまま、仕事をするといったことまで起きるのである。しかも、計画を作ってからほとんど間のない時期にである。

そうした職員にとっては、計画を策定することと、実施することの間につながりが意識されず、ただ単に、その時いたセクションの仕事はそのセクションの仕事であり、また別のセクションへ移れば、それはそれでそのセクションの仕事ということになる。自らの中でそれが関連付けられて意識されていないのである。

こうしたことの繰り返しの中で、多治見市において横断的な取組みができるようなシステムを構築しなければならない。あるいは、関係するセクションは必ずその施策にかかわらざるを得なくする方法の必要性を感じていた。一つは総合計画実行計画シートに必ず、関連する課を明記することを義務付けた。個別分野の計画の中でも、展開される事務事業の一つひとつについて、その担当課を明記することが多治見市の習慣となった。

今一つ多治見市で開発したのは、「チェックシート」を活用する方法である。事業の企画段階、実施段階に各課から「チェックシート」を提出させ、それに基づいて、施策に特定な課題についての配慮がされているかどうかをチェックするのである。

その第一号として「環境配慮」についてのチェックシートを起案書、工事伺書などに添付させることを試みた。そのシートは必ず環境課を通らなければならないことにしたのである。このチェックシートの点検は現在では外部の嘱託員に委ねられており、問題点がある時にはヒアリングや協議を行っている。こうした工夫を重ねても、形式的に書類を整えればよいと考える職員はおり、それぞれの担当者が「環境配慮」についての問題意識を持っているかどうか、個人の資質に負うところが大きいことは否めない事実である。

同じ方法は内水対策についても応用している。施設の建設、改良時には、やはり貯留機能を高め、洪水調整の機能を持たせる工夫がなされているかどうかをチェックすることにしている。

国の省庁の、そして、そのミニチュアとしての県の組織における縦割り行政に慣れ親しんできた職員にとっては、市行政の全体を視野において、他のセクションとの共同作業を行うより、県や国を見て仕事をすることの方が「仕事がやりやすい」時代が長く続いてきたという背景は否定できない。機関委任事務が多く存在していた時代が長く続いたことが、そうさせているといっても過言ではない。

このような状況を打開するために、個別計画を作成する際にも、多治見市では常に総合計画との整合性を問う過程を踏むことを共通認識として進んできた。個別計画の作成は当然「組織目標」に記載される。それを政策会議のメンバーによる確認が行われ、関連する課もその計画づくりに関わっていくことが求められる。

当然、計画策定の中間報告は政策会議に諮られ、方向性も確定されていく。問題があれば軌道修正がなされる。また、個別計画の中に新たな事業を組み込むことになれば、総合計画の基本計画、実行計画の変更を申し出なければならない。こうして整合性を確保し、他のセクションの職員が「そんな計画があったの?」といった事態は避けられるようになった。

数年前、私は都市計画課長に就けた職員に内示の際「君の役割は都市計画とまちづくりとをニアリーイコールにすることが任務」と話したことがある。これも都市計画がまちづくりといえるものになっているかどうか、常に疑問に思っているからである。ハードとソフトがつながらない、つなごうとしてこなかったといえる。これも縦割り行政がもたらした弊害がいまだに自治体の総合行政を阻害している例といえよう。

私が行ってきた中にも反省として変えていかなければならないことがある。それは末端の職員まで容易に情報が伝わらないこと、一つひとつの政策、施策やその意図が正確に伝わらず、「市長がやれと言っているから、やらなければならない」といった受身の姿勢が続いたことも一因である。

かつては部内会議も課内会議も行われず、情報の伝達さえ行われず、命令だけが下りてくるといった状況が続いてきた。政策会議（部長級）、調整会議（課長級）の役割の明確化や情報の的確性の向上によって改善されてきた。

一方、「政策法務」や事務事業評価がそうであるように、他の都市において、それが「担当」だけの仕事になってしまい、全庁的な課題として共有されていかないといわれる。それに関わる担当職員を増やし、仕事を増やしただけといわれるように、その仕事が自己目的化してしまうと職員がぼやくのを耳にする。

しかし、後に述べるが、多治見市では「政策法務」は政策形成の要として機能しており、政策形成の過程において決して避けて通れない部署となっている。

こうしたことは総合計画や個別計画などの作成を通して、プロジェクトチームの取組み、職員参加の積み重ね、政策会議での議論などを通して職員たちの訓練がなされていることとの結果であると考える。

しかし、誰かが常に注意を喚起していなければ、組織内部への閉じこもりに戻ってしまう恐れがあることを意識していなければならない。専門性が要求されればされるほど、そのセクションは他のセクションとの壁を厚く、高くしていく。この宿命ともいえる課題に常にトップは目を向け、そうした閉鎖性を常に打ち破る努力をする必要がある。「人は性善説、組織は性悪説」で考えなければならないのである。

4　政策開発（その二）――職員の政策開発を呼び込む

職員の意識を変えることは市政の最重要課題といえる。小都市では、地域で大きな職場である役所にサラリーマンとして就職したに過ぎないと考えている職員も少なからず存在している。あるいは後々まで安定した職場であると考えて就職した職員もいる。私は新規採用の職員研修に話をする機会を設け、こうした意識で働くのではないことを語ることにしてきた。公務員制度の見直しが行われることも必至であり、職員像も変わっていくことを語り続けて来た。

職員が没主体的に仕事をしている限り、役所の体質は変わらない。そのため職員参加の方策を考え、さまざまな機会にそれを実施してきた。もちろん、日頃からプロジェクトチームによる新規政策の開発や計画づくりを行い、職務を超えた参加も時々に考えて来た。たとえば、総合計画の庁内での策定作業にも職員参加をめざし、公募の委員を選んだ。あるいは行政改革といった厳しい対応が予想される事柄について、意見募集を行い、職員の半数以上から意見提出がなされた。その一つ一つについて採用するか否か検討を行い、不採用の場合はその理由を付けて戻し、行革本部にも報告して、それを確認する作業を行ってきた。

また、一二年の在任中、若い職員が積極的に自ら施策を考え、それを実施したいと私の所へ言ってくることがしばしばあったが、それらについてほとんど拒否したことがなかった。前向きに取り組もうとする職員たちの意欲を摘み取ってしまうようなことのないよう努めた。

もちろんさまざまの局面で「こんなことは考えられないだろうか」と職員に問いかけ、それへの対応を職員に考えさすことも常に心がけ、現実の施策として実現させていくことにも心を砕いた。

政策法務と一般廃棄物埋立税

地方分権時代へ突入したことによって自治立法の必要性が高まり、政策形成能力の向上が求められている。そうした環境の中で不可欠なものとして「政策法務」の考え方を導入することが必要であると考えた。

それを実践するため、地方分権一括法施行に合わせて「政策法務担当課長」のポストを新設した。多治見市役所を自ら政策開発できる役所に育てていく意思表明の象徴として行ったものである。このポスト、そしてその役割を引き継いだ政策開発室の取組みを通して、その意義について考えてみたい。

当初は担当課長自身にとって「政策法務」の意味するところが不明確で、いわゆる法制事務とどこが違うのかさえ分からなかったに相違ない。すぐに新たな政策づくりがあるわけではなく、担当に与えられた仕事は、当時関係が悪化していた自治組織と行政の間の関係を整理し、その解決を図るための作業から始まった。そのこと自体は決して些細な問題ではないが、「政策法務」担当の守備範囲かと考えるとどこか居心地の悪い、納まり具合が悪いともいえるものであった。

その「政策法務」担当課長が本当に仕事をしていると実感できたのは、「一般廃棄物埋立税」と名づけた法定外目的税を導入することを、多治見市が意図したことに始まる。これも地方分権一括法に基づいて改正された地方税法によって、地方自治体の法定外目的税が総務省の承認から同意に変更され、しかも、不同意の要件が三つに限定されることに着目して、チャレンジしたものである。

なぜ、多治見市が一般廃棄物埋立税を設けようとしたのかには、特別の事情がある。それは名古屋市の一般廃棄物最終処分場（愛岐処分場）が多治見市内にあることに起因する。この処分場は一九八二年から今日まで、名古屋市のほとんど唯一の処分場である。その埋立ての残容量が徐々に減り始め、次期処分場として名古屋港の一画にある藤前干潟を埋め立てる計画を立てた。しかし、その干潟が渡り鳥の飛来地として貴重な場所であり、それを破壊することになるとして反対運動が起こり、環境庁（当時）もその保全を求めたため、名古屋市はその計画を断念せざるを得なくなった。そのため名古屋市は愛岐処分場の延命化を多治見市に要請した。

このことは管理型の最終処分場を持たず、全面的に名古屋市の処分場に依存してきた多治見市にとっても、大きな課題を突きつけられることを意味していた。そのため私たちは自前の処分場を建設し、自立した廃棄物行政ができるように努力すること、多治見市独自の廃棄物処理システムを打ち立て、ごみの減量を徹底的に図ること、また、延命化を受け入れざるを得ない状況にあるとしたら、どのような条件を名古屋市に要求するかを検討することなどの方針を掲げて、この処分場問題を環境行政の中心に据えた。

その一環として浮上したのが、法定外目的税として多治見市にある処分場に持ち込まれるゴミに課税する「一般廃棄物埋立税」を設けるという案であった。

当時、三重県が県内に持ち込まれる産業廃棄物に対して課税する「産業廃棄物税」を設けたこともあり、多治見市でも名古屋市の処分場に持ち込まれるゴミへの課税を検討することを決定した。

ゴミが持ち込まれることによって生じる環境負荷に対する責任を、排出者に負担させる目的で課税するものであった。それとともに、ごみ処理が極めて低レベルで、当時ほとんど分別らしい分別もせず、愛岐処分場に埋め立てていた名古屋市に対して再考を促し、名古屋市民にも減量化の必要性を迫るインセンティブとすることを意図したものであった。

その制度設計を行ったのが政策法務担当である。幾人かの税法学者にも意見をもらいながら検討したが、いずれも当初は「面白い」と評価してくれるにもかかわらず、いつの間にか税以外の方策を採ったらどうかという意見に変わってしまった。以前、多治見市は名古屋市から「協力金」をもらっていた時期もあったが、このあいまいなお金は、多治見市の「雑入」に入れられ、一般財源として使われた。目的も分からず、使途も分からない、このような性格のお金を受けたくないため、再び「協力金」の形で名古屋市に求めることはしないと決めた。

一般廃棄物埋立税としなければ、制度的に合わないとの理由で、「税」にこだわった。目的税の「目的」は多治見市における環境負荷を軽減するための資金とする制度設計を行った。条例案を議会に提出したが、その審議の過程では異議を唱えた議員もいたが、全会一致で可決された。

しかし、それからが大変で、総務省の同意を得られるかどうか、私たちにとっても分からず、しかも総務省の担当者は、一貫してこの目的税に同意したくないという態度をとり続けた。しかし、地方税法に定められた「不同意の三要件」のどの項目にも該当しない以上、総務省は同意せざるを得ないと私は確信していたので、いわば苛められて帰ってくる職員を「総務省は絶対に認めざるを得ないから、大丈夫」と何度も励ました。結局、多治見市は条例を撤回することなく、ついには総務省に「一般廃棄物埋立税」を認めさせることができた。おそらくこのような税条例がでてくることを国は予想していなかったに違いない。埋立税はその間隙をついたものであったともいえる。

総務省は多治見市の条例には同意したが、二カ月も経たないうちに「不同意の要件」の拡大を打ち出し、このような税を阻止する措置を講じた。ちなみに五年の時限立法であるこの条例は二〇〇七年三月三一日をもって失効したが、この税の継続を多治見市は断念した。それは同意が得られる目途がたたないこともその理由のひとつであるが、当初の目的である名古屋市に廃棄物処理の改善を迫る意図も、名古屋市の積極的な取組みによって、埋立て量の大幅な削減が達成されたことによって果たされたと考えたからである。

一方、この目的税については特別会計を設け、その使途を明確に示すよう管理し、名古屋市民に対しても、多治見市の説明責任を果たすこととして処理してきた。

この目的税条例の施行に成功したことは、担当者に「政策法務」の意味をしっかりと認識させた。それればかりではなく、役所内での存在理由をはっきり示すことができたという点でも大きなものであった。当初にあった「なぜ、人材をこんなポストに割くのか」という批判を覆すに余りある成果であった。このことが、その後の「政策法務」の展開にとっても大きく貢献することになった。

それまで孤立して仕事をしてきた感のあった「政策法務」の役割を定着させ、全庁横断的に位置づけるため、助役をトップとする政策法務委員会を設置した。新たに制度設計をし、法務的な観点からのチェックが必要とする政策については、担当課は必ず政策法務担当に案件を提出し、政策法務委員会で検討し、方向性を確認した上で提案した担当課へ戻す。担当課ではそれを基に条例案等を成文化し、条例原案として法令審査会に諮り、最終的に条例案として市長査定に付されたり、政策会議に諮ることによってオーソライズされ、議会に提出するという一連のシステムが形成された。

また、市職員の任意な研究組織として「政策法務研究会」が作られ、先駆的な制度形成をめざして活動してきた。たとえば、後述するように多治見市の「市政基本条例」の試案を作り、木曜会議（三役、教育長、総務・企画部長、教育委員会事務局長で構成）にその案を提出し、市政基本条例制定に向けた取組みの出発点となるなどの成果を生んだ。

「政策法務担当」は、全庁の政策形成にかかわり、その法務的側面をチェックするポジションとして確立された。その後、政策法務担当の役割は新たに作られた「政策開発室」に受け継がれ、政策法務担当が自ら条例原案の作成や制度設計にも携わるようになった。たとえば、多治見市が作り上げた「市政基本条例案」の作成や基本条例に基づく関連条例案を作ったこと、指定管理者制度、市場化テストなど全庁に関わる課題についての制度設計なども行っている。

また、最近では県と市町村との間で会議を立ち上げた「県と市町村の役割分担検討会議」の事務局も引き受けた。多治見市が提案してきた「構造改革特区」の案や法令解釈についても担っており、今日では様々な先進的な取組みを行うセクションとして「政策開発室」の重要性は益々増してきている。

また、毎月二回定例的に開催してきた「重要法案勉強会」の事務も政策開発室が受け持ち、若手職員が幹部職員に対して、市政に関わる重要な法令や情勢についてレクチャーする場をつくっている。これは幹部職員たちが自らの守備範囲に閉じこもらず、市政に影響を与える可能性のある法令等の背景を理解し、情報を共有化することを目的に出発したものである。

それと共に多くの幹部職員の前で若手職員がレクチャーすることによって職員の資質向上を図ることができる。当初、おぼつかなかった勉強会も次第に幹部職員の間でも、その法律などについての議論も行われるようになり、「政策開発室」の努力によって、双方にとって有益な勉強会に成長し、法令等のもたらす影響や変化についての理解に役立つものとなっている。予期した以上に効果をあげるようになってきた。

構造改革特区

多治見市は構造改革特区制度が作られてから、初回の募集を除けば、毎回提案し続けてきた。その特区については多治見市のホームページにすべて掲載されているので、詳しくはそれに譲るとして、なぜ特区にこだわったのかは、市町村の行っている事務事業の中に、法令等による制約が依然として多く存在していること、今日の状況からみると法令が既に時代遅れになっていること、多治見市が新たな政策展開するために、法令が阻害要因になっていることなどがあるからである。

多治見市の特区提案のほとんどが採択されていないが、その中には省庁の壁に阻まれたものがいくつもある。特区提案を受けて回答をするのは各省庁で、それを国として判断して省庁の判断を変えさせていくといった調整が十分されていないことや、政治的な決断がされているとはとても思えない状況にあるからである。

たとえば、より現場に近いところに権限や裁量権を渡し、それを市民参加の方法をとって学校運営に当たる学校運営協議会制度（各学校に教育委員会を設置し、その権限を与えると考えると分かりやすい）を求める特区は提案し続け内閣府ではこれを支援しようとする動きはあったが、文部科学省は一貫して拒否してきた。

また、自治体職員の「給料」に勤務評定の成績を反映させること（それまで「給与」への反映は行われていたが）を求めた特区は拒否されたにもかかわらず、時を経ず国が公務員法改正でその種の方法を導入している。不可とした理由は職務給とともに生活給として給料表を定めているので、それを逸脱してはならないというものであった。

また、育児休業明けの職員などの勤務時間を労働者のイニシアティブで選択できるようにする特区の提案も、拒否した直後にその種の法改正を行っている。その時の総務省の回答は次のようなものである。「国や民間で普及していない状況で特定な地域の、特定な職場で実施することは他との均衡を失する」というもの。特区というのは特定のところで特別な制度を認めるためのものであったはずである。

最近では、議会の機能の強化を図るために、付属機関の設置を認めるよう求めたもの、議会関係の予算執行を議長の権限とする案などを提案したが、ことごとく不可との回答が総務省からあった。これなどオンブズパーソンや公益通報制度の市政監察員を議会に置くことで、その機能の中立性を強化しようとしたものであるが、認められていない。また、予算執行は紙一枚の購入や会議録作成費に至るまでなぜ市長が決済しなければならないのか、また問題化している政務調査費について議会自ら責任を負うべきではないか（これも市長の決済となっている）など、議会が自らの責任を果たす上でも権限を強化すべきとの観点から提案したものであるが、不可とされた。

ただ、私たちの反省は議会に付属機関を設置する条例を作った三重県議会の例からも、特区に頼ることなく条例化を図るという姿勢を持たなければならなかったことである。自ら条例化し、実行し、それによって国が異議を唱えたときに闘うという、地方自治体の精神を示すことがこれから求められてくる。

最近では「マニフェスト配布」を認めるようにする特区も提案したが、これも総務省は拒否、にもかかわらず、直後にそれを法改正して実現する、そうしたことが頻々とおきているのである。制度の枠組みを変更させるため、提案をし続けることは必要なことであり、また、そうした観点から職員が国の制度などについて考える機会として考えれば、無意味なことではないと考えてきた。

職員の手による出版物

多治見市ではこれまでに職員の手による出版物を二冊発行している。それは『挑戦する都市―多治見市―』（二〇〇二年）と『多治見から変える』（二〇〇五年）である。

私がこうした本の出版を思いついたのは、市政改革を進めてきていた多治見市の状況を書物にまとめることで、その読者たちからの反応や批判を受ける。それによって自らの営為を客体化し、その後の改革に繋げていきたいという意図であった。

しかし、正直いえば、本の出版を職員に呼びかけたものの、職員たちの力量に一抹の不安を感じていたことも事実である。本が本当にできあがるのかどうかさえ分からなかった。刊行された本が出来上った時、そうした不安をもっていた自分の不明を恥じなければならなかった。この二冊の本はともに決して多治見市の「自慢」や一点豪華主義の政策について書いた本ではなく、これまでの多治見市の歩みや課題、将来の展望を職員の目からみて、描いたものであるという意味で、他に類のない本になっているのではないかと自負している。

最初の本はいわば課長級の選抜チームで作り上げた本であり、全庁的に網羅された体裁にはなっていない。しかし、二冊目の本は五三名もの若手職員が全庁的に書き上げたものになっており、わずか三年という歳月の間に大きな変化があったことに驚かされる。この際、幹部職員は編集の仕事には当たったが、執筆は若手職員に任せており、普段目立たない名前も知らなかった職員たちの隠された能力に感激さえ覚えるものとなった。

いずれにしてもこの取組みはまったく職員だけで行われた作業であり、私は何を書くかについても、原稿についてのチェックもしていない。

短い期間に二冊もの本を出版することになったが、合併を控え、これまでの多治見市の取組みをきちんとまとめ上げておく必要があると考えたからである。

自らの仕事について、こうした本の形にまとめ上げることは職員にとって得難い体験となったに違いない。自らの取り組んでいる仕事の水準や職場の問題点や課題を客観的に見ることのできる機会はそれほど多くはない。こうした執筆活動を通して、そうした機会を持つことができるようになる。また、全庁的に同じような水準の行政が行われているかといえば、かなり凸凹が存在する。それを含めて職員は多治見市の行政水準について確認する機会ともなる。

それとともに行政として考えれば、こうした脚色のない本を作ることによって、「記録」としての意味を持ってくることもまた事実である。行政は自らの歴史を語ることはほとんどない。市史がメモリアルの形で出版されることはあっても、行政史、政策史が出されることはほとんどない。その意味で、こうした出版物が将来貴重な記録として意味を持ってくると期待される。

その時代、時代に行政が何を目指し、何を意識して仕事をしてきたかを知ることは決して無駄なことではないと考える。特に、今日のように変化の激しい時代には自らを見失ってしまうこともしばしば起こりうることである。そうした時、こうした書物を改めて紐解き、振り返ってみることも大切なことではないかと考える。

行政の記録は職員たちの記憶としてしか存在しないことが多い。そうなるとせいぜい三〇年で消え去ってしまうことになりかねない。しかも、記憶はその人の中で、形を変え、印象の強かったことだけがクローズアップされて残る。そうなれば、記録としての意味も失われてしまう。

そのためにも、「記録」としての政策史、行政史を作り続けることは必要ではないかと考えるのである。多治見市でも何年かに一冊、必ず作るということを継続していくことを望むものである。

Ⅲ章　総合計画（政策）主導による行政経営

1　第4次総合開発計画（後期計画）――「五つの視点」の導入

多治見市の市政運営の特徴はと問われれば、私たちは「それは総合計画によって行政全体をコントロールするシステムを構築したことにある」と即座に答えるだろう。

私の任期中、第4次総合開発計画（4次総）後期計画、第5次総合計画（5次総）とその後期計画と総合計画を策定する機会が三回あった。

4次総後期計画は当選直後ということもあり、計画全体を抜本的に見直す暇がなく、4次総本体に新たな取組みを付け加える形で、後期計画を公表したに過ぎなかった。事業課から出された施策、事務事業を積み上げる形で構成されていた従来からの手法を見直し、4次総にいわば横串を通すため、作り換えの作業を行ったのである。それは「五つの視点」の導入を行い、それに基づいて施策・事務事業を見直し、五つの視点別に整理した計画とすることであった。

従来からの考え方のように、各セクションの担当者たちが、自らの領域における事務事業の継続や維持を図るため、過大に申告する計画に陥ることを避けなければならないと考えた。また、セクショナリズムを打ち破ることを意図したものでもあった。総合計画を行政全体の計画であるという自覚を持たず、自らの事業を維持しながら、そのセクションの中に閉じこもりがちになることを変えたかったのである。そうした総合計画のあり方にメスを入れる出発点として、五つの視点を導入したのである。その視点は

①賑わいや活力を創り出すまちづくり
②環境と共生するまちづくり
③だれもが暮らしやすいまちづくり
④知性とゆとりを育むまちづくり
⑤人と人が交流するまちづくり

であり、その視点ごとに施策体系を組み立て、組織横断的に組み替えようと試みた。しかし、結果として縦割り行政を前提とした事業の積み上げとなっていた4次総に五つの視点を継ぎ足す形となり、継ぎ接ぎといわれても仕方のないものであった。しかし、ここで掲げた五つの視点、またその考え方はそのまま5次総に受け継ぐことになった。

制約の多い形で行った計画策定作業は満足のいくものではなかったが、それ以上に私にとってショックであったのは、4次総後期計画策定の作業がたった一人の企画課の職員の手で行われていたことである。

基本構想を変更しないことを前提に、後期計画策定が「手直し」と意識されていたにしても、それは

衝撃的であった。私の市長就任前からすでに行われていたその作業は、まさしく「企画課の仕事」としての総合計画見直し作業であったことだ。しかも、企画課内部においてさえ、ほとんど議論らしい議論もされず、黙々と担当者が仕事をしていたのである。

本来もっとも重要な、最上位に位置づけられている計画であるはずの総合計画がこのような状況にあることに驚くとともに、行政内部を変えなければ、という思いを一層強く持ったのである。

振りかえってみると、４次総本体は一九八九年、九〇年にかけて策定作業が進められたが、その当時（当時、私は市議会議員であった）、庁内のプロジェクトチームが組まれ、それを中心に策定が進められた。議会の委員会審議の中でも、プロジェクトチームの若い係長クラスの職員が答弁に立つ機会が増え、むしろ課長クラスの職員よりも、しっかりとした問題意識や現状認識に基づいて活き活きと答弁していたことに新鮮な印象を受けたのを憶えている。プロジェクトチームの職員たちが、その後、行政の中心的な存在に成長していったことを思えば、必ずしも4次総に対する職員たちの意識や意欲が低かったわけではなかった。

4次総策定後、議員たちも議場において、総合開発計画の実施計画をかざして、計画の進捗状況を尋ねたり、実施を促したり、変更に対しての意見を述べるなど、さまざまに質疑をすることが多くなってきていた。よくいわれるように総合計画は作ることが目的で、立派な冊子は出来上がっても、すぐに本棚の隅に追いやられ、誰も見向きもしない自治体が多いということが事実であれば、当時としても総合開発計画を重視していた自治体の一つであったといってよいだろう。これも策定時の若い職員たちのモチベーションの高さに刺激された結果であった。

それにもかかわらず、総合開発計画に基づかない、極めて恣意的な施策やほとんど議論や検討もなされていない施策が次々に出されてくることに遭遇し、私は幾度も議会でそのことを取り上げ、批判した。しかも、そうした恣意的な政策選択をし、未成熟や不要な政策を行政に持ち込むのは市長であったり、県政の有力者からであったり、まちの有力者であった。

ただ単に、恣意的なものというにとどまらず、奇妙な施策が行われた。そうした事態を批判する根拠として総合計画がいくらかは機能していた。

たとえば、毎年度作成される実施計画には「あそこの土地が手に入りそうだから、何か施設を建てよう」という実施項目が追加され、今度は土地の買収ができなかったことを理由に施設建設も立ち消えとなり、次の年度の計画から消えるといったことも起こった。

目的があり、その実現のための施設建設計画が立てられ、そのための土地購入と進むべきものであるはずが全く逆転している、そうした計画運営が行われていた。

逆に、総合開発計画に載っていることを理由に、その目的や用途についてさえ検討されていない大型施設が数十億円という費用をかけて建設されてしまった例もある。こうした恣意的な政策選択や施策のあり方を見ながら、私の学んだことは、総合計画を壊し、機能させない元凶は首長本人であり、市長の思いつきや選挙の支持母体や支持者からの圧力、選挙対策のために行う施策にあるということであった。

このような市政のあり方、総合計画の無力さを思い知らされたことから、反面教師的に学び、そうしたことを繰り返すことのない仕組みづくりをしなければならないと考えるきっかけとなったのである。

後期計画はたとえ「見直し」（基本構想だけが議決案件のため、基本計画を変更するだけであれば行政内部の作業だけで終わってしまう）とはいえ、不本意なものに留まらざるを得なかった。

2　実行力をもった計画にするためのシステム改革

（1）第5次総合計画策定　――本格的な計画づくりが始まる

5次総の策定に取り掛かる際、私はこれまでの総合計画とは異なる本来の最上位の計画づくりを行いたいとの思いの中で出発した。そのため5次総の策定には二年半という多くの時間を割くことになった。キックオフとして行った松下圭一先生の「分権段階における総合計画づくり」講演会はすでに市民の中から選んでいた「総合計画市民委員会」のメンバーも加わって、一九九八年の夏に行われている（なお、その講演録はその後加筆され、「転形期の自治体計画づくり」（公人の友社）として二〇〇四年に刊行されている）。

私がこの講演を受け、5次総策定の指針として打ち出したことは

1　行政の担うべき役割を明確にするとともに、徹底した行財政改革を推進する計画とする

2　多岐に及ぶ政策・施策の中から、多治見のまちづくりにとって真に必要な政策・施策を市民の合意を得て選択するとともに、実行性を伴った計画行政を推進するための計画とする
3　行政の公正性と透明性の向上に努め、情報公開を推進するとともに、市民と行政が良好なパートナーシップを発揮する市民自治をめざす計画とする

であり、留意すべき点として、以下のようなことを指示した。

1　政策の実現可能性にこだわること（夢物語や形だけの政策は掲げない）
2　市民、議員、職員の参加のもとに策定すること
3　その前提条件として、情報の共有化を図るため「討議課題集」を策定する。討議課題集は4次総の総括と地域課題の抽出とする。また、それに先立ち市民意識調査を実施し、その結果を総合計画に反映させること
4　進行管理を徹底すること
5　市長の任期と計画期間の整合を図ること
6　4次総後期計画に掲げた「五つの視点」に基づいて政策体系を組み立てること
7　総合計画に掲載されていない事業は予算化しないこと
8　行政の「計画」ではなく、「多治見市の計画」をめざすこと

などである。

実現可能性にこだわったのは、総合計画が実現性がないにもかかわらず、夢のような開発計画や施設

計画などを掲げることによって、その信頼性をなくしている状況を変え、総合計画による計画的、総合的な行政運営を行うことをめざしたものである。

それまでの総合開発計画から総合計画への名称変更は、自治体を取り巻く環境や社会の変化の中で、「開発」をめざす計画ではないことを確認するためである。

また、4次総後期計画に掲げた五つの視点に基づいて政策・施策体系を構築することとし、従来の事業課から上げられた縦割り型の施策の羅列ではない計画とすることとした。

5次総の策定体制については図1に示す通りであるが、職員委員会と総合計画市民委員会（以下市民委員会）それぞれが、同時並行的に検討を重ね、その結果を持ち寄って議論を深める方法を採用した。市民委員会は九名の委員からなり、4次総の総括、5次総への展望をまとめる「討議課題集」作成過程から、最終的に総合計画案をまとめるまでの間、一九回の会議を重ねている。

「討議課題集」は情報の共有化を図るために作成したものである。多治見市の抱えている課題を職員はもとより、市民と共通の基盤に立って議論することができるためには、情報の共有が必要であることは言うまでもない。そのため作成から市民委員とともに取りまとめ、議論の出発点としたのである。

往々にして、委員会における市民の議論が自らの関心のある分野に限られ、市政全般に及ばないといったことが起きる。たとえば、環境について関心があったり、活動をしている人は、環境の分野では発言するが、その他の個所では黙ったままでいる。福祉に関心のある人もまた同様な態度をとったりする。そうなると議論はほとんどなされないままに、会議が進んでしまうことになる。こうしたことは市

図表１　５次総の策定体制

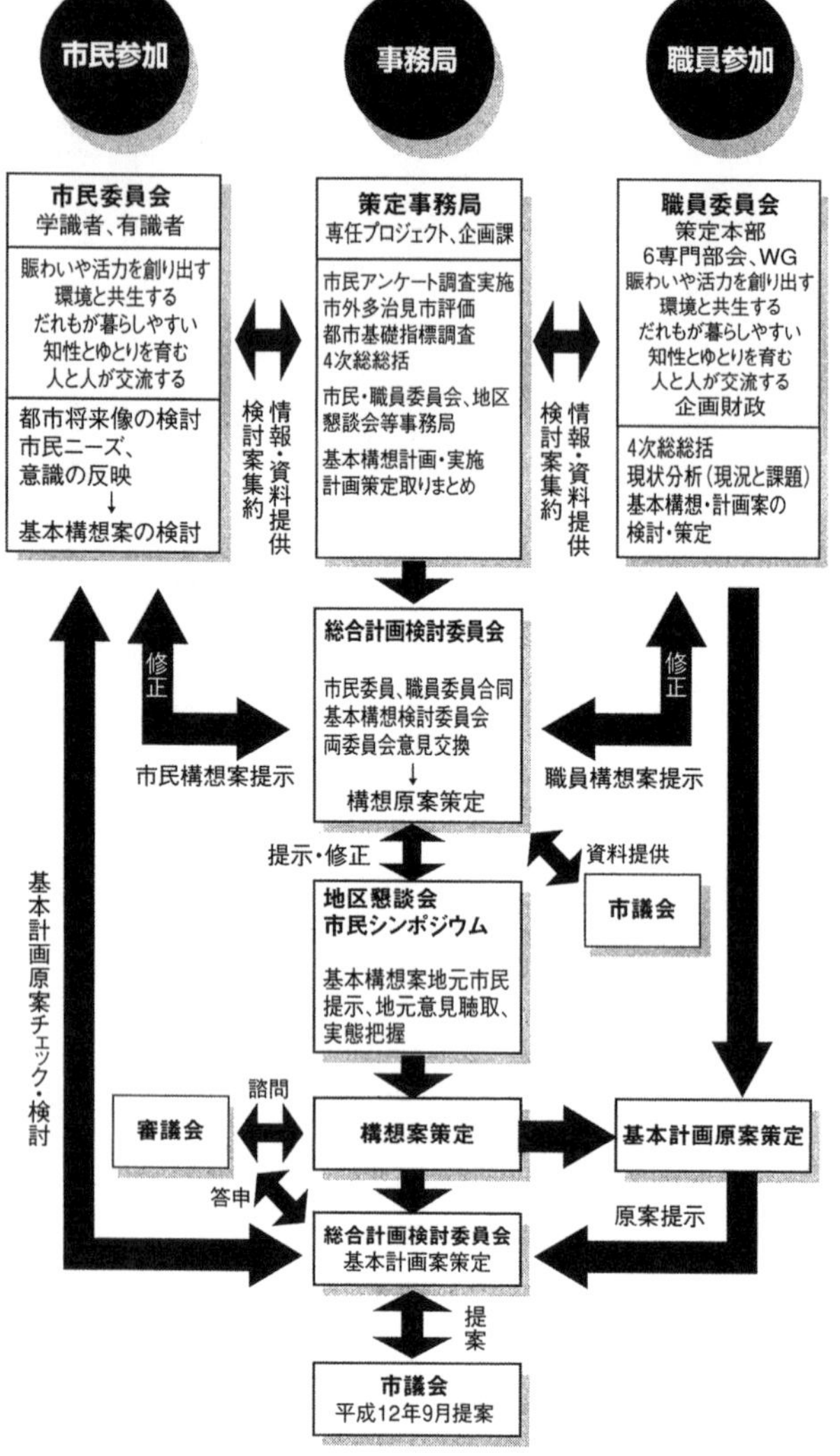
市民参加
事務局
職員参加
市民委員会
学識者、有識者
賑わいや活力を創り出す
環境と共生する
だれもが暮らしやすい
知性とゆとりを育む
人と人が交流する
都市将来像の検討
市民ニーズ、
意識の反映
↓
基本構想案の検討
情報・資料提供
検討案集約
策定事務局
専任プロジェクト、企画課
市民アンケート調査実施
市外多治見市評価
都市基礎指標調査
4次総総括
市民・職員委員会、地区懇談会等事務局
基本構想計画・実施計画策定取りまとめ
情報・資料提供
検討案集約
職員委員会
策定本部
6専門部会、WG
賑わいや活力を創り出す
環境と共生する
だれもが暮らしやすい
知性とゆとりを育む
人と人が交流する
企画財政
4次総総括
現状分析（現況と課題）
基本構想・計画案の検討・策定
修正
市民構想案提示
総合計画検討委員会
市民委員、職員委員合同
基本構想検討委員会
両委員会意見交換
↓
構想原案策定
修正
職員構想案提示
基本計画原案チェック・検討
提示・修正
資料提供
市議会
地区懇談会
市民シンポジウム
基本構想案地元市民提示、地元意見聴取、実態把握
諮問
審議会
構想案策定
基本計画原案策定
答申
原案提示
総合計画検討委員会
基本計画案策定
提案
市議会
平成12年9月提案

政全体を見渡す情報の不足や見取り図がないことに起因していると考えられる。そのために是が非でも「討議課題集」を共同で作成する必要があると考えたのである。

むろん議会にもこの課題集は配布され、それについても議員との議論が、全員協議会の場で行われた。こうした過程で、より鮮明に多治見市の課題、市政の課題が意識されるようになった。

また、市民委員会とは別に、各視点別に公募の委員を含め、五分野各一〇名のメンバーで構成された総合計画策定懇話会（以下懇話会）も設置した。市民委員会が市政全般、地域全体の視点から総合計画を検討する立場であるとすれば、懇話会はそれぞれの分野で活躍している市民の参加を得て、視点別の政策検討を行ったということができる。懇話会もいずれも五回の会議を開催して、それぞれの段階で提示される計画案の検討を行った。

その他、市民からの提案募集、小学校校区単位で行っている地区懇談会での説明と議論、広報紙による進捗段階ごとの広報活動などを行った。

職員の策定への参加も各階層毎に幾重にも行われ、企画会議（政策会議メンバー）、専門部会、ワーキング会議の他、フィールドワークとして特定課題についての議論の場を設けた他、職員提案を求めている。専門部会の委員数は一四九名に上っており、会議ものべ五四回開催されている。ワーキング会議は実に一一九回に及んでいる。

議会への対応も節目、節目で進捗状況を報告するとともに、意見聴取を行い、その結果を持ち帰って、変更すべきものについては変更するなど、フィードバックすることに努めた。

図表２　５次総　視点別の体系

市街地をとりまく森林や土岐川の流れなど、私たちは豊かな自然に恵まれた環境で生活しています。動植物の生息、景観の形成、市民の憩いの場など多様な機能を持ったこれらの自然環境を、土地利用計画の見直しや開発事業に対する指導等により未来に残していくとともに、人と自然がふれあい親しめるまちづくりを進めます。

事業名	担当課	優先度
1　良好な緑地を保全するため、必要に応じて市街化及び*市街化調整区域の区域区分を見直します	都市計画課	B
2　*風致地区を見直し、区域を拡大します	都市計画課	B
3　開発等に際し、緑の減少を抑制するよう指導します	開発指導課	A
4　*風景市民遺産への助成制度により、市街化区域内の良好な緑を守ります	都市計画課	A
1　*保健保安林を自然公園として活用します	公園と緑の課	A
2　市に移管された開発区域内の森林・緑地を適正に管理します	公園と緑の課	A
3　市有林を市民体験学習等に活用します	公園と緑の課	B
4　森林病害虫の防除や危険木伐採管理を行います	公園と緑の課	B
5　*土岐川流域グリーンベルト構想に基づき、良好な緑を守り育てます	公園と緑の課	A
1　土岐川をはじめ、市内の河川で親水護岸等を整備します	建設総務課	B
2　生田ひだまり広場及び生田川遊歩道を整備します	公園と緑の課	B
3　水田が持つ多様な機能を維持するため、適正な管理を指導します	農林商工課	B
1　市民が自然とふれあえる、*メダカの学校構想を進めます	道路河川課	A
2　三の倉里山ゾーンを整備します	公園と緑の課	B

さわやかな空気、きれいな水、身近な緑など、健康で安心できる生活を営む環境への期待はますます高まっています。そのために、大気や水質などの環境状況を継続的に調査して公表するとともに、公共下水道整備や合併浄化槽の普及による生活排水対策やまちの美化を計画的に進めます。

また、公共施設や民有地など、市街地の緑化を推進することにより、ヒートアイランド現象を緩和し、生活の場にやすらぎとうるおいのあるまちづくりを進めます。

事業名	担当課	優先度
1　継続的に環境調査を行います	環境課	B
1　公共下水道事業計画（第６期）を策定します	下水道課	B
2　公共下水道整備区域を拡大します	下水道課	B
3　池田及び市之倉下水処理場の処理能力を増強します	下水道課	B
4　合併浄化槽の普及を図ります	下水道課	A
5　生活排水に対する意識を高めます	環境課	B
1　美化計画に基づき、きれいなまちづくりを進めます	環境課	A
2　不法投棄・不適正処理対策を進めます	環境課	B
3　*ロード・サポーター制度により道路の美化を進めます	建設総務課	B
1　新しい火葬場の建設に着手します	環境課	C
1　公共施設の緑を増やします	公園と緑の課	A
2　街路樹の植栽により道路軸の緑化を進めます	道路河川課	A
3　滝呂緑地を整備します	公園と緑の課	A
4　小泉公園を整備します	公園と緑の課	A
5　喜多緑地を整備します	公園と緑の課	A
6　多治見運動公園を適正に管理し、公共施設剪定木のリサイクルを進めます	公園と緑の課	B
7　花飾り運動を推進します	公園と緑の課	B
1　緑が不足している市街地で民有地の緑化を支援します	公園と緑の課	A
2　*緑地協定地区の拡大を図ります	公園と緑の課	A
1　市民参加による公園づくりや、*公園愛護会による管理を推進します	公園と緑の課	A

2．環境と共生するまちづくり

1　自然環境を保全するとともに、自然に親しめるようにします

- 1　森林を保全します
  - 1　規制、指導、助成制度等により、緑の減少を抑制します
  - 2　保全すべき森林を適正に管理し、良好な緑を守り育てます
- 2　水辺環境を保全します
  - 1　水と親しめる環境づくりを進めます
  - 2　動植物が生息しやすい環境の整備を進めます

2　生活環境を良好に維持するとともに、市街地に緑を増やします

- 1　良好な生活環境を維持します
  - 1　公害を未然に防止し、生活環境を良好に維持するため、継続的に環境調査を行い、その結果を公表します
  - 2　下水道整備や*合併浄化槽の普及による生活排水対策を推進します
  - 3　*美化計画に基づき、きれいなまちづくりを進めるとともに、不法投棄対策を行います
  - 4　火葬場を整備します
- 2　*風の道構想の実現に向けて緑化を推進し、*ヒートアイランド現象を緩和します
  - 1　公園や公共施設の緑を増やします
  - 2　民有地の緑化を支援します
  - 3　市民参加による公園づくりと管理を推進します

このような体制で進めた5次総は二〇〇〇年九月議会に提出され、八回の特別委員会での審議を経た後、一二月議会で可決成立した。

総合計画は二〇〇一年度から多治見市の計画として機能し始めたが、その計画書はつぎのような特色を持っている。

計画書は基本構想、五つの視点別の政策体系と構想実現のためにとした章の六章からなる基本計画、資料編からなっている。その特徴は基本計画に各視点別の章の冒頭に施策体系が掲げられているところにある。**図表2**のように第一レベル、第二レベル、第三レベル（政策―施策―事務事業に対応する）と呼ぶ政策のレベルづけがなされ、それが樹形図の形にまとめられている。これは極めて分かりやすく、施策体系全体を見通すことができる。

多治見市の総合計画の構成は基本構想、基本計画（前期五年を実施計画、後期五年を展望計画と呼ぶ）、実行計画となっている。通常、実施計画と呼ばれているものは実行計画と呼ぶこととした。そして、本文中には実施計画か、展望計画かを示し、第四レベルともいうべき具体的な事業名を担当する課とともに記述している（後に策定される5次総後期計画では、このレベルの事業名までを樹形図の中に入れることとした）。

（2）総合計画と予算編成のリンク

5次総によって、計画的かつ総合的に行政運営を行うことをめざしていたが、大きな課題が二つあった。その一つは財政と総合計画の関係をどのようにするかであった。策定作業中にも、市民から「財政の裏付けのない計画ではないか」「財政を考慮していないから、総花的な計画になるのではないか」などの批判が出されたが、策定作業の時期には、まだ財政との関係をどう整理するかは残されたままであった。総合計画の事業に対する予算措置が的確にできなければ、総合計画による行政の管理はできるはずもないことは明らかであった。

しかし、意外にも早く企画部と総務部の間で行われた協議によって、その解決が図られることとなった。多くの自治体でそうであるように、多治見市においても、それまでの予算編成過程における財政担当者優位の体質はなかなか揺らぐことがなかった。そのもっとも大きな問題は政策の取捨選択が予算編成の過程で事実上財政担当者が行っていたことである。また、主導権が財政担当者にあることによって、事業課と財政担当者間に抜きがたい相互不信が存在し、それが無責任な体質を生みだしていることなど、予算編成に関する改革も遂行しなければならない課題であった。

一方、財政担当者からすれば、財政緊急事態宣言下で、日々事務事業の削減、制度変更を強いられ、それを予算編成という形で、財政課のみが担うことには限界があり、心理的にも厳しい状況に財政課の職員たちも追い込まれていたといえる。それを企画課と共同で行えるのであれば、その方がベターであるとの判断があった。いわば双方の思惑が一致して、財政（予算編成）と総合計画のリンクがスムーズに図られることになった。

この課題に対する答えが出され、問題解決されたことによって、一挙に私たちがめざした総合計画による計画的な行政運営を現実のものにすることとなった。詳細は「財政改革について」で述べたが、端的にいえば、財政担当と企画課が協議して予算全体の配分枠を決め、その中で総合計画経費をどれだけ確保するかを決定する。その配分枠の中で総合計画の実行計画に位置付けられた事業の予算化を企画課が行うというルールを定めたことである。

このルールを作ることによって、総合計画の観点からの政策選択を行うことができるようになった。財政と総合計画をリンクさせたことの意義は強調しても、強調しすぎることはない。その後、今日に至るまで多治見市の総合計画が独自性を保ち、マネージメントのシステムとして、充実発展してきたのもここが出発点であったからである。

(3) 進行管理のためのシステム構築

今一つの課題は計画の進行管理をどのように行うかであった。そこで工夫されたのが図表3の「実行計画シート」である。この実行計画シートは一つの事業毎に一枚のシートを作り、そのシートに必要な事項を記載し、それによって進行管理を行おうとしたもので、職員たちの創意によって作られたものである。

このシートをみれば、その事業がどこの課で担当するものか、あるいは関連する課も含めて記載され、いつまでにどこまで行うかが一目で分かるばかりか、これまでの進捗状況、これからの取組みについて見てとることができる。当然これまでの予算措置、これからの計画量といったものも知ることができる。

このシートは全部で四〇〇枚ほどになっているが、すべてホームページに掲載して公表している。もちろんこのシートができたからといって、進行管理がすべてできるわけではないが、このシートにより事業の点検、集計、そして評価につながるものとして、一元的に管理するシステムが有効に機能することが分かってきた。

毎年度行われる総合計画関連の一連の作業について述べると、五月、六月にかけて企画、財政、人事、環境の各担当者によるヒアリングを行う。これを「政策形成ヒアリング」と呼んでおり、すべての課に対して総合計画事業の進捗状況、課題、遅延の理由、事業推進の手法の点検、来年度以降の方針などについて、それぞれの立場からチェックし、是正措置などがとられる。

もちろん総合計画にとどまらず、行政改革大綱の実施項目、定員適正化計画など関連する課題に対するチェックも行うことになっている。人事担当者であれば、それぞれの課の人事面からの問題点を洗い出すことになる。

ここに環境課が加わっているのは、各課、各事業における「環境配慮」についてチェックをするためである。これは全庁的、横断的に取組みを続けてきている「環境」の課題を一層進めるために機能することになった。もし、この場に環境の担当者が参加していなければ、環境課は独自で同趣旨のヒアリングを行わなければならなかったのである。そうなれば、果たして環境に関するチェックが今のように行えたかどうかは疑問の残るところである。環境の担当者が関わることで、政策形成ヒアリングが環境マ

図表３　「実行計画シート」

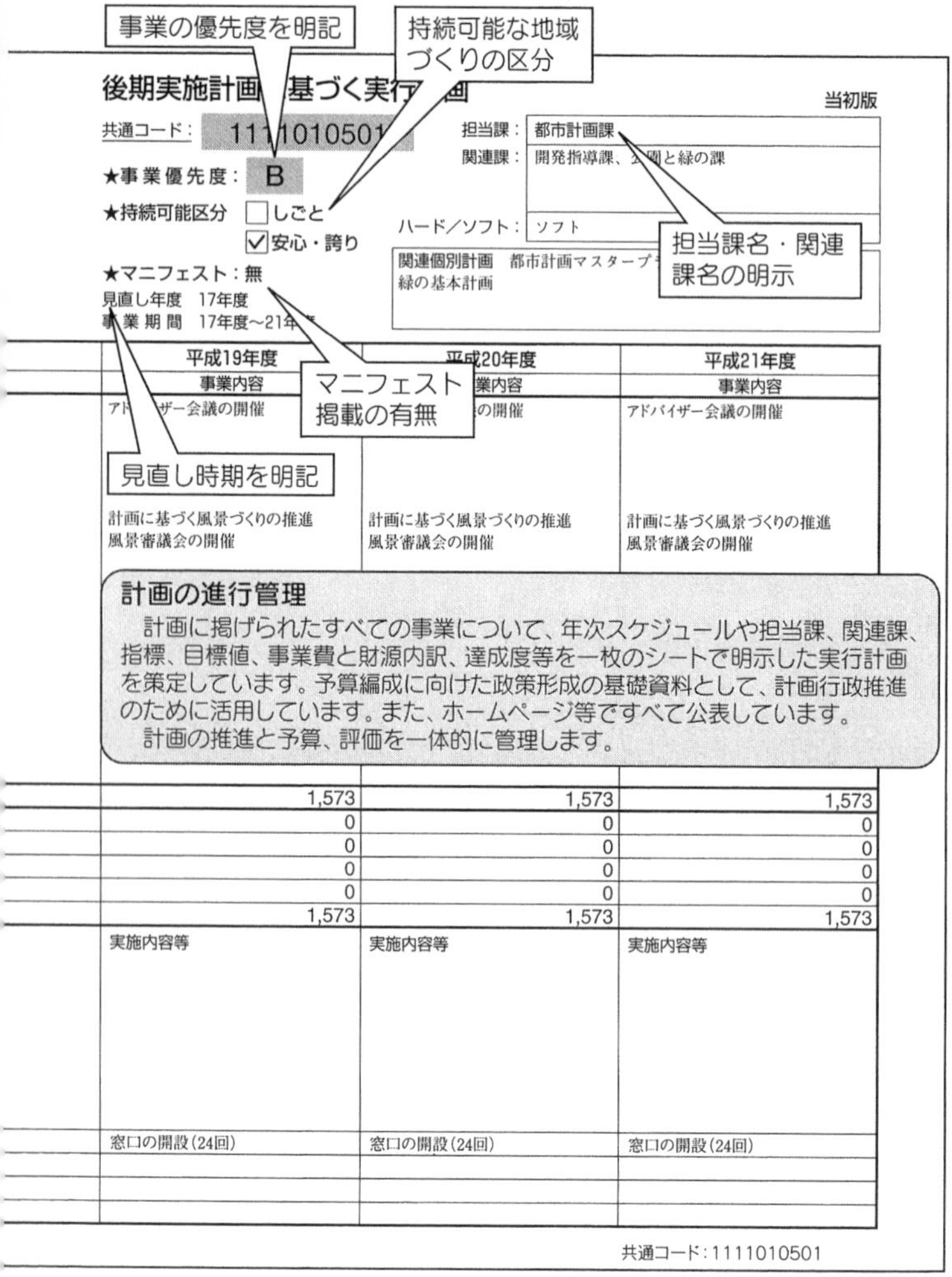
事業の優先度を明記
持続可能な地域づくりの区分
当初版
共通コード：
★事業優先度：B
★持続可能区分　しごと　安心・誇り
★マニフェスト：無
見直し年度　17年度
担当課：都市計画課
関連課：
ハード／ソフト：ソフト
緑の基本計画
担当課名・関連課名の明示
平成19年度
平成21年度
事業内容
マニフェスト掲載の有無
アドバイザー会議の開催
見直し時期を明記
計画に基づく風景づくりの推進
風景審議会の開催
計画の進行管理
計画に掲げられたすべての事業について、年次スケジュールや担当課、関連課、指標、目標値、事業費と財源内訳、達成度等を一枚のシートで明示した実行計画を策定しています。予算編成に向けた政策形成の基礎資料として、計画行政推進のために活用しています。また、ホームページ等ですべて公表しています。
計画の推進と予算、評価を一体的に管理します。
1,573
0
実施内容等
窓口の開設（24回）
共通コード：1111010501

実行計画シート（例）

第5次多治見市総合計画

視　　点：賑わいや活力を創り出すまちづくり
第1レベル：人をひきつける街なみをつくります
第2レベル：美しい風景づくりを進めます
第3レベル：自然環境、歴史、文化を大切にしながら、地域に根ざした風景づくりを進めます
事 業 名：風景づくりアドバイザー制度を活用し、市民への風景づくりに対する助言や大規模な建築等に関する審査を行います

指　　標：窓口開設回数大規模事務所等審査件数及び指標件数　←〔指標・目標値を設定〕
目　　標：月2回以上、年24回×5年＝120回
市民参加：一般市民向けの景観に関する窓口を開設

			全体計画	平成17年度	平成18年度
			事業内容	事業内容	事業内容
計画内容			アドバイザーによる相談窓口の設置 アドバイザーによる大規模建築物等の審査 風景づくり基本計画に基づく風景づくりの推進 風景審議会の開催	アドバイザー会議の開催 風景審議会の開催	アドバイザー会議の開催 計画に基づく風景づくりの推進 風景審議会の開催
事業費	事業費（千円）		9,890	3,598	1,573
	財源内訳	国庫支出金	0	0	0
		県支出金	0	0	0
		市　債	0	0	0
		その他	0	0	0
		一般財源	9,890	3,598	1,573
評価	履歴			実施内容等	実施内容等
	前期計画　あり	年度目標値		窓口の開設（24回）	窓口の開設（24回）
	111110501	達成度			
		全体計画達成度			
		事業進捗			

〔事業の進め方・具体的な内容を年次毎に明記〕

〔実施内容やその達成状況等の評価を明記〕

更新日時：　　　　1/1

図表4　市長ヒアリング調査票

農と緑と公園の課

■公園・緑地の整備	小泉公園整備	小泉公園ワークショップによる市民参加。	ワークショップ委員会開催・整備研究会整備意見・公園愛護会設立準備 トイレ・手作り小屋・園路舗装・駐車場舗装・植栽・ビオトープ・健康遊具	ワークショップ委員会開催・整備研究会整備意見・公園愛護会設立準備・手作り小屋・健康遊具　アパート側等植栽樹木の総点検	★★★★★	小泉公園愛護会は、4月設立済み。	ベンチなどの公園施設において、材料などの支援と管理技術の育成指導実施。	公園整備におけるハード面については完了。施設管理・運用・活用などのソフト面については、小泉公園愛護会を主体として育成。
■公園・緑地の整備	緑化推進事業	緑化推進、民有地・鉄道軸で実施。	JR小泉駅北の道路沿いをポケット緑地整備、又、風の道の軸整備として、平和南バイパス外1箇所を緑化整備。民有地緑化の推進に向けて、都市計画課と連携し、その支援を実施する。	民有地緑化の推進に向けて、都市計画課と連携し、その支援を実施する。「精華小学校をモデルとしたアサガオ緑化」・「緑地の植栽」・「シンボルツリー植栽」・「樹木購入費助成」・「緑地保全助成」の実施。(埋立税300万円)	★★★	(ポケット緑地整備は2221010と同じ)民有地緑化については、小泉地区などの緑化重点地区をを中心に緑の少ない市街地の民有地緑化支援を実施。	今年度は、養正校下をモデル地区とした「みどりのカーテン」緑化として、地域市民や養正小学校児童にゴウヤ苗の配布。「緑地の植栽」シンボルツリー植栽」「樹木購入費助成」「緑地保全助成」の実施。(埋立税300万円)	今年度は、養正校下をモデル地区とした「みどりのカーテン」緑化として、地域市民や養正小学校児童にゴウヤ苗の配布。(3000ポット)栽培参加者の感想文や写真展などの参加協力により民有地緑化の市民啓発を実施
■公園・緑地の整備	公園愛護会補助	愛護会130公園程度。	平成17年度愛護会設立 ①公園愛護会(105公園)52団体64公園(H16+2) ②児童遊園愛護会(119遊園)49団体70遊園(H16+3)	公園・児童遊園愛護会の拡大を図る。合併に向けた笠原地域への愛護会情報提供と設立準備。	★★★★	平成18年度愛護会設立　①公園愛護会(125公園)69団体81公園　(H17+17 ②児童遊園(124遊園)45団体66遊園(H17−4)	笠原町地区19都市公園に対して、17公園で愛護会設立済み。児童遊園愛護会については、会員の高齢化による愛護会が前年比3遊園減	現在249公遊園中愛護会設立率は59.4パーセント。これまで活動中の愛護会においては、高齢化が進み後継者の育成が必要。
■公園・緑地の整備	街路樹整備	街路樹年50本以上植栽。	17年度は道路担当課との調整により、国道248号南バイパスの体育館前及び平和町交差点ポケット緑地を県施行で実施。市道ホワイトタウン外周道路街路樹植え替え(ニセアカシアからクロガネモチ)50本を植栽予定。	県・'道路担当課と協議しながら、道路沿いのフェンス及び壁面などの緑化を行って行く。	★★★★	平成18年度は、道路担当課と調整し、国道248号南バイパスの開通にむけて、県施工で、ヤマボウシ・モミジ植栽、市道については、ホワイトタウン外周道路街路樹植え替え(プラタナスからクロガネモチ)50本予定	道路沿いのフェンス及び壁面緑化又ポケット緑化を県等の道路管理者と協議して行く。 ホワイトタウン外周街路樹のプラタナスについては、永年の樹木剪定により、衰弱と樹幹部の腐りによる危険木対策として植え替えを実施。	道路沿い街路樹の植栽については、限られた緑化スペースという問題があり、こうした問題の解決策として、ガードレールや壁面緑化などによる緑の確保が必要。

3. 政策形成ヒアリング

分類	項目	確認事項 (グレーでハイライトしてあるものは、聞き手側からの確認事項、それ以外は担当課からの説明をまとめたもの)	対応 (選択式)	課題等
H16市長ヒア	休耕田の活用	・菜種油を採るほどの収穫はまだない。		
市長ヒア	農業共済について	・負担金の算定方法については、平成18年8月くらいまでには目途をつける。「最悪、離脱する」と伝える予定。		
市長ヒア	喜多緑地の管理について	・喜多緑地については、平成19年度以降、鎮守の森へ管理業務委託できるよう検討している。		鎮守の森へ業務委託済み
行革	民間委託について	・公園施設の維持管理は、委託や指定管理により、外部に任せていく方向で検討すること。公園愛護会に任せられる部分については、すべて委託できるようにし、それ以外の部分についても、各技術を持った人材に委託できないか検討すること。	④H18中に実施	
5次総	休耕田の活用	・シートを挿入すること。	④H18中に実施	
5次総	潮見の森について	・シートの作成を検討すること。	④H18中に実施	
その他	喜多緑地について	・常駐員2名と土日開園に伴う光熱水費の予算がほしい。		H18は業務委託で対応(常駐員)
その他	森林の管理について	・旧多治見市の学校でも、笠原町のような子どもたちによる森の管理について検討すること。	⑤H19に実施予定	南姫中学校・多治見中学校・池田小学校・市之倉小学校
環境	壁面緑化の推進	・笠原庁舎に対し、壁面へのゴーヤの立てかけを働きかけること。 ・埋め立て税の終了する平成19年度以降の財源確保について検討すること。	④H18中に実施	5次総課題(2222010)重複、笠原庁舎ゴーヤ植栽済み

4. 組織目標

目標	進捗状況	課題又は今後の進め方 (「★　遅れている」「△　未着手」「✖　問題あり」と答えたものについて記入)
公園の整備、管理体制づくりを図る	★★　順調	南坂上公園・脇之島マレット整備において、ワークショップ委員会設立と市民参加の計画づくり
風の道構想に基づく緑化の推進	★★　順調	笠原町の公共施設緑化推進と各公共施設の緑化計画の作成
公園、緑地等の適正な管理、管理体制の充実	★★　順調	新規開設した喜多緑地については、管理棟の管理使用について18年度検討。管理は直営で(鎮守の森)委託。潮見の森については、移管にむけて、薬草園などの名札等施設整備。
水田が持つ多面的な機能の増進とふるさとクリーン村構想の推進	★★　順調	景観作物の作付け面積を拡大。ふるさとクリーン村については、ポスターやのぼりでPRを徹底。
市民参加による森林の有効活用、花づくりの推進	★★　順調	グリーベルト構想の実現にむけて、国土交通省と連携し、市之倉地区などの既存の団体支援を継続し、新規運動公園周辺と虎渓公園の森づくりの団体組織づくりと活動支援を行う。

5. その他　課題やH19年度重点的に取り組む事業等について記入　(自由記入欄)

笠原町との合併により引き継いだ、区画整理地内の公園建設(メモリアルパーク)に向けた5次総への位置付けと市民参加への発展。

農と緑と公園の課

1. 第5次総合計画

共通コード	事業名	優先度	H19年度に向けた課題等
1132010504	緑が不足している市街地で公園やポケットパークを整備します	A	コードNo.2221010と同様
1133040504	緑が不足している市街地で民有地の緑化を支援します	A	コードNo.2222010と同様
1312050504	地産地消を進め、生産者と消費者の交流を図ります	B	新たな直売所の開設支援。栽培講習会の開催や農業祭で地産地消をPR。
2112010504	保健保安林を自然公園として活用します	A	潮見の森の広域組合管理から、多治見市移管に向けた管理方法の検討準備
2112020504	市に移管された開発区域内の森林・緑地を適正に管理します	A	国土交通省が進めるグリーンベルト事業を手本とした、地域による緑地活用管理の検討
2112030504	市有林を市民体験学習等に活用します	B	地球村を拠点とし、里山ボランティア（森を作ろう会など）との連携
2112040504	森林病害虫の防除や危険木伐採管理を行います	B	住宅地周辺緑地の松くい虫被害木等の防除及び伐採管理（台風等による倒木管理）
2112050504	土岐川流域グリーンベルト構想に基づき、良好な緑を守り育てます	A	国土交通省と連携を図り、これまでの笠原中学校・市之倉地域の活動支援及び、多治見運動公園周辺の森整備に向けた組織づくりと支援。
2121020504	生田ひだまり広場及び生田川遊歩道を整備します	B	生田遊砂工とひだまり広場との連絡道の整備18年度実施。国土交通省と連携した活用
2121030504	水田が持つ多様な機能を維持するため、適正な管理を指導します	B	景観作物として菜の花を栽培。今後は栽培面積の拡大と菜種の利活用を検討
2122020504	三の倉里山ゾーンを整備します	B	地球村を拠点とし、里山ボランティア（森を作ろう会など）との連携
2221010504	公共施設の緑を増やします	A	道路軸緑化及び緑のボリュームアップ作戦（8箇所）市民参加で実施。又予算削減対策として、公共施設1本運動実施。＊笠原町公共施設の緑被率調査
2221030504	滝呂緑地を整備します	A	市民参加の公園管理のため、公園愛護会の設立。遊歩道及び林内整備
2221040504	小泉公園を整備します	A	小泉公園愛護会設立済み。管理技術及び資材の支援。
2221050504	喜多緑地を整備します	A	喜多緑地管理については、18年度は直営管理（鎮守の森委託）管理棟の管理使用について検討。
2221060504	多治見運動公園を適正に管理し、公共剪定木のりサイクルを進めます	B	18年度より指定管理実施。公園・街路樹・学校施設で発生する剪定木のチップ化による、公園リサイクル活用の実施。
2221070504	花飾り運動を推進します	B	花かざり材料費の削減による団体支援数量の節減を行っているが、合併による花かざり団体は増加
2221080504	南坂上公園を再生します	A	ワークショップ委員会による整備基本方針策定及び、測量試験と対応検討。
2221090504	脇之島マレットゴルフ場を整備します	A	地域ワークショップ委員会による整備基本方針策定及び実施設計積算実施。
2222010504	緑が不足している市街地で民有地の緑化を支援します	A	緑の基本計画に基づく民有地緑化（緑被率30パーセント）目標達成のため、ゴウヤ緑化を始め、シンボルツリー等の5つの民有地緑化支援の推進。埋立税後の財源確保
2222020504	緑地協定地区の拡大を図ります	A	滝呂町9・12丁目地内都市再生機構処分地（ひろばみち）緑地協定。
2223010504	市民参加による公園づくりや、公園愛護会による管理を推進します	A	南坂上公園ワークショップによる公園作り。公園愛護会は、平成18年度都市公園125公園中69団体81公園、児童遊園124遊園中45団体66遊園設立済み。愛護会の高齢化。
2322020504	学校給食残さを中心とした生ごみ堆肥化センターを建設し、堆肥の有効利用を図ります	A	生産された堆肥の圃場実験を実施。池田南地区での有効利用を検討。
3512010504	遊歩道や公園等、安心して遊べる場所を整備します	A	喜多緑地・滝呂緑地・深山の森・高根山自然公園・潮見の森等適正安全管理。

2. マニフェスト

事業名	具体的事業	4年間の目標	実績（H17）	今後の予定（H17）	進捗状況！（H18）	実績（H18）	今後の予定（H18）	総括
■循環型社会システム構想の推進（新焼却場完成に伴う体制づくり、バイオマスなど生ごみ対策、新処分場の建設）	生ごみ堆肥化	堆肥化センター16年開設。	堆肥化センターの建物設計 堆肥の利活用を関係機関と協議 バイオマス環づくり交付金の申請（利活用中期計画の策定）	堆肥化センター及びプラントの建設 施設運営に関する地元組織との協議 プラントの試運転	★★★★★			堆肥化センター及びプラントの建設完了 施設運営に関する地元組織との協議終了 プラントの試運転完了
■公園・緑地の整備	自然公園整備	自然公園、喜多町・滝呂町の2ヶ所。	①喜多緑地 市民と協働による植樹祭（2005植樹祭/N喜多緑地）・19号交差点国交省協議・地元協議管理棟・園路舗装・トイレ・遊歩道整備 ②滝呂緑地 遊歩道階段工／ベンチ工／下刈工	①喜多緑地 市民と協働による植樹祭（2005植樹祭/N喜多緑地）開催。平成18年4月開始に向けて19号交差点信号機設置協議と園路整備。維持管理方法検討 ②滝呂緑地 愛護会の設置	★★★★★	・喜多緑地、直営管理で鎮守の森へ管理委託 ・滝呂緑地、直営管理	・喜多緑地管理棟の管理使用について検討 ・滝呂緑地、愛護会設立	喜多・滝呂緑地の整備に関するハード面については、完了。施設管理・運用・活用などのソフト面を今後進める。
■公園・緑地の整備	公園・公共施設緑化	公園・公共施設20ヶ所程度。	緑のボリュームアップ作戦の展開により、今年度公共施設緑化計画により、平和・小泉中学校・共栄小学校・美坂保育園・児童センターの教育施設緑化を市民参加で進める。又、平和南バイパス外1箇所の「風の道の軸」及び昭栄公園緑化外1箇所を市民参加で進める。これまでに、教育施設15箇所、その他公共施設26施設の合計41施設で実施済み。	子供達の参加による学校施設緑化として、共栄小学校・平和・小泉中学校緑化整備。市民参加による昭栄公園の緑のボリュームアップ実施。	★★★★★	緑のボリュームアップ作戦及び風の道の軸緑化を推進のために、北陵中学校・滝呂小学校・多治見中学校・笠原中学校の教育施設及び、旭ヶ丘歩道・赤坂指導遊園・笠原歴史公園の公共施設緑化を市民参加で進める。風の道の軸緑化として、平和南バイパスポケット緑化。これまでに、教育施設19箇所、その他公共施設30箇所合計49箇所で実施。	学校等の教育施設緑化については、子供達の参加として北陵中学校法面緑化・又笠原中学校はグリーンベルトに一環として、滝呂小学校は、5年前の生徒が植栽したストック苗を新校舎緑化と多治見中学校は創立50周年記念緑化として実施。児童遊園などの緑のボリュームアップは、地域市民参加で実施。	笠原町との合併をふまえて、笠原町公共施設緑化計画を作成し、計画的な緑化推進を市民参加を原則として実施。

ネジメントシステムの一翼を担うことにもなったのである。

ちなみにこのシステムは新たな取組みとして高い評価を受け、環境NPOが主催する「環境首都コンテスト」で第一位にランクされた（二〇〇三年）。

この場で議論された課題、問題点がまとめられ、市長ヒアリングへと引き継がれる。市長ヒアリングに先立ち、各課で作成した調査票（図表4）が提出され、それに基づき市長ヒアリングが毎年八月に行われる。

政策形成ヒアリングで出された問題点、総合計画事業の点検、各課が抱えている課題、事業の進捗状況、目標管理制度の組織目標の進捗に関するチェック、来年度以降の政策や課の取組みの改善等についての市長指示をすべての部課長に対して行うものである（二〇〇三年以降はマニフェストの進行管理についても市長ヒアリングの中で行うこととした）。この政策形成ヒアリング、市長ヒアリングを経て、実行計画の見直しが行われ、それに基づいて予算編成が行われるサイクルが出来上がった。

このような作業を通して進行管理が行われる。このサイクルの中で、総合計画は行政運営の中核的位置をしめ、上位計画としての意味を持ち続けているのである。

（4）意思決定のルールづくり

また「恣意的な政策選択を行わない」ため、実行計画に記載されていない事業は予算化しないというルールを定めた。これは恣意的な、あるいは思いつきのような事業が認められることになれば、総合計画による行政の管理を危うくすることになりかねないという認識に基づいている。前述したように恣意的な政策・施策選択を許せば、総合計画そのものを有名無実の計画に陥れることになる危険性がある。

しかも、その一番の原因は首長にあることは指摘したところであり、不要、不急な施策が他の事業を押しのける形で、突如事業化されることになりかねない。こうしたことを許さないために、首長の自制が求められることになる。

一般的に、思いのまま市政運営したい首長にとって総合計画による管理は手かせ、足かせを課されているようなもので、邪魔な存在でしかない。また、いざ選挙となれば、選挙対策として様々な施策や約束事がなされる。ある地域に支持を取り付けるために施設建設を約束する、町並整備をする、補助金を出すといったことがしばしば行われるのである。それが表で公然と行われるのならばまだしも、密約として行われ、総合計画は無視されることになる。

こうしたことを市長自ら行わないことの宣言としても「総合計画に位置付けられていない事業は予算化しない」ルールを作ったのである。いいかえれば、一定のルールを踏まなければ、実行計画を変更することはできない、ある事業を新たに追加したり、削除したり、制度を変更する時に取らなければならないルールを決めたのである。

変更や追加はまず政策会議（庁議）に諮って承認を得なければならない。その後、総合計画市民懇談会（5次総の実施段階で設けた市民委員会。常設されている委員会で毎年度、総合計画の進捗状況等のチェックや評価等、総合計画全体について審議する）に諮り、ここでも承認を受けなければ、変更することはできない仕組みである。

後日になるが、基本計画についても、議会での承認を求めようと考えた。総合計画の基本構想、基本計画を議決事件とする提案を行政側から行ったが、議会側の拒否にあい、結果的には従前通り基本構想のみが議決事件とされた。（基本構想だけが議決事件であれば、行政側は事務的にも、時間的にも、心理的にも大変楽になる。たとえば、後期計画を作る時、基本構想を変えなければ、行政だけの判断で基本計画を作ることが可能になる。中途の変更も同様である。実態としては議会における総合計画の審議の際、「基本構想だけではどういう計画であるかわからないから、基本計画を提出せよ」と必ずいわれる。当然、行政側は資料として基本計画も提出する。審議の大半は基本構想ではなく、基本計画をめぐっての議論になっている）

同じ「計画に載っていないものは予算化しない」といっても、多治見市の場合、「実現可能性にこだわる」という方針で計画は作られている。計画にあげられたものは、実施することが原則となっている。そのため、積み上げ型の計画のように、担当課が目一杯事業を計画にあげ、計画に入れておかないと、もし実際に行うことになった時、困るからといった発想で計画をつくるのとは、根本的に異なっている。

最近では、マニフェスト選挙が話題となることが多いが、マニフェストに掲げられた政策が、選挙の洗礼を受けたということを強調するあまり、議会等でなんらの議論もされないまま施策化されていくことに対する批判が高まっている。基本計画の変更も議決事件としておけば、政策の総合計画への位置づけの際、議会において議論の場を作ることに繋がる。そのためにも是が非でも基本計画段階まで議決事件とすることが求められる。なお、二〇〇七年一二月多治見市議会は、かつて行政側の提案したように、基本計画までを議決事件とするための市政基本条例の改正を議員立法として提案し、可決成立させた。

総合計画が市民、議員、職員の参加によって作られ、また、実施段階でのチェックも定期的に行われ、計画の変更についても、承認手続きをとることによって、合意形成を図ることの意義は大きいといえる。総合計画が文字通り「行政の計画」から「市の計画」へと位置づけられるのである。また、総合計画が行政のマネジメントシステムとして機能するための必要条件でもある。どこまで行政の裁量を認めるかという問題は残るが、基本計画レベルまでの議決事件化は不可欠の課題といえよう。

こうしたルールは私の在任中厳格に守られてきた。しかし、このことが総合計画の硬直性を示しているといった誤解を生んでいる面もある。たとえば、職員が議員の要求に対して「その事業は総合計画に位置付けられていないので、できません」と答えるようになってきたため、議員からみれば、総合計画が様々な市民のニーズを市政に反映させようとしている議員の要求を拒んでいると感じることはやむを得ないことといえる。しかし、現実には議会での議員の提案などについては市として採用することが妥当な、あるいは有効な政策・施策については、総合計画に組み入れることは当然行ってきている。

これは議員ばかりではなく、市長が「この施策をやってくれ」といったとしても、職員は同じことをはっきりというようになったのである。

また、前述のように、常に実行計画の見直し（基本計画を見直さなければ、実行計画も位置付けられないケースが多いが）を行ったり、各課からの新規施策や制度変更、事業廃止といった提案については政策会議に諮って決定し、必要であれば基本計画、実行計画を変更する手続きを行っている。しかも、実行計画の点検、変更などは常時行われており、硬直化しているという批判は当たらない。ただ、融通無礙に行政が施策を行うこと、それが希望であるとすれば、多治見市の総合計画のシステムは対応不可能であるということになる。

(5)計画期間と市長の任期

総合計画の計画期間について、時々首長たちから「総合計画の計画期間が長すぎて、現実に合わないものになっているので、それとは別に行政運営の指針などを作って対応しなければならない」といった発言がされることがある。一〇年を計画期間とする総合計画が多いが、それをアンタッチャブルなものと考えている首長が多く、そのことが不合理であるから、総合計画は不要といった論にまで発展してしまうこともある。

実際、前、後期五年ごとの計画では首長の任期との間にずれを生じ、前の首長が策定した計画を次の市長が実行しなければならなかったり、その逆に総合計画を作ったばかりで退任してしまうといったケースも考えられる。これでは新たに首長が自らの方針を貫徹させようと意気込んでも、総合計画はそれに合わないことになる(マニフェストという政治的なメッセージが総合計画を通して市の政策となっていくことが必要である)。

図表5　総合計画策定と首長の任期

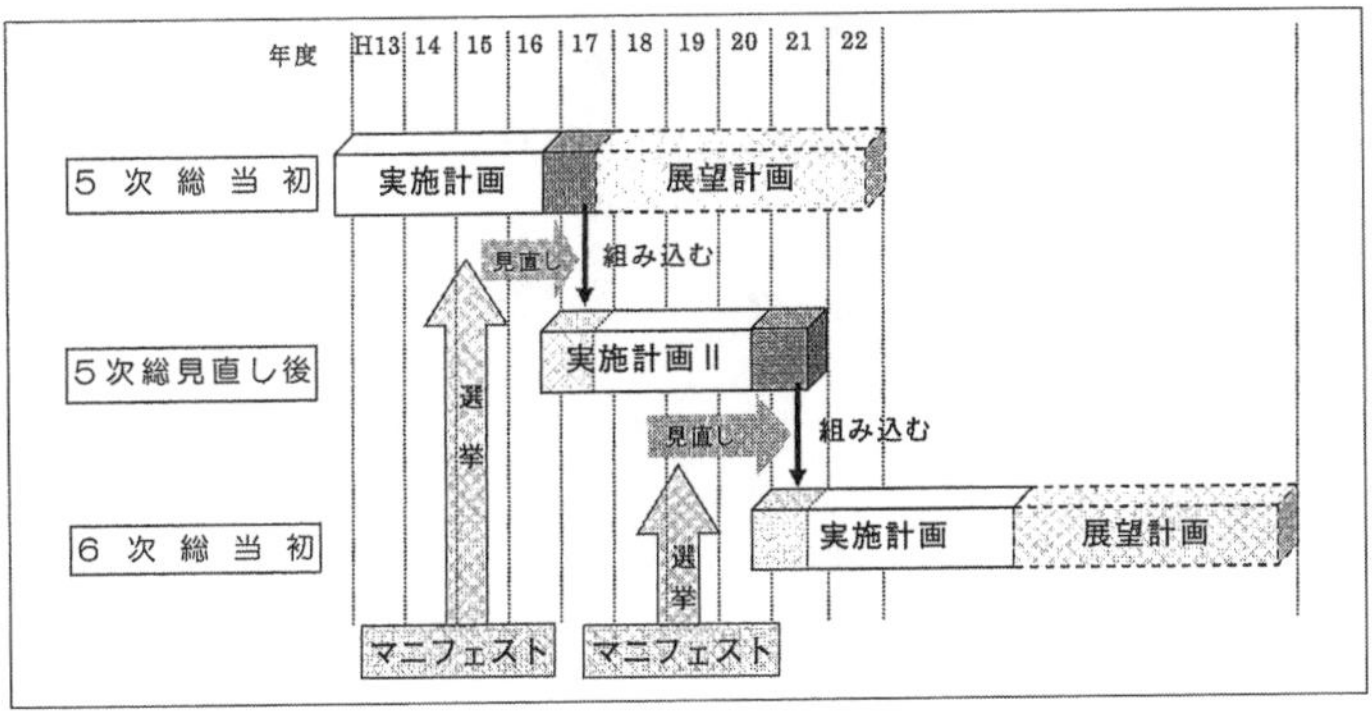

こうした場合、総合計画は首長によってやはり無視されることとなる。そこで、多治見市では市長の任期中必ず総合計画の策定もしくは見直しを行うこととした。なお一〇年を計画期間として計画を策定する方針を提示したのは当時の自治省である。「行政の計画」（役人の作文）としてのみ計画を策定すればよいと考えていたとしか考えられない。

多治見市では、候補者が選挙で掲げた公約に基づいて総合計画を策定・見直しを行うことが必要であるという観点から、四年に一度必ずそれを行うこととした。多治見市の計画も一〇年計画、前後期五年毎の計画となっているが、半期の計画の五年目は次に引き継ぐこととして、実質四年の計画として管理することとした。6次総からは最初から八年計画として策定し、四年ごとの基本計画（実施計画）を作ることとした。（図表5）

その改訂時期も、私は任期の中間、当選後三年度目から新たに見直した計画を出発させることとした。もちろん市長によってはもっと早く改定したいという人も出てくるが、総合計画の重要性、ことに多治見市のような取組みをしている自治体においては、その重みを考えるならば、十分な時間をかけて策定すべきと考えているからである。事実、5次総の策定には二年半の歳月をかけて策定しているのである。

（6）目標管理制度につなぐ

一方、総合計画の他の政策への反映ということを考えたとき、多治見市が人事考課として採用した「目標管理制度」を挙げなければならない。「目標管理制度」は当初はコンサルタントに委託をして、取組みを開始したが、自治体の仕組みとしてこなれたものではなく、そのまま採用することが不適当であるとの判断から、多治見市独自のシステムを構築することをめざした。その際、総合計画によって各部課の事業として定められた仕事を実行する、ひいてはそれが多治見市の行政目的や理念を実現することになることに着目して、組織目標の中心に置くこととした。

ここでは、目標管理制度においても総合計画の課題が最優先され、当該年度の実行計画事業が必ず組織目標に掲げられ、人事考課の面からも総合計画への取組みが貫徹される仕組みを作り上げたことを指摘しておきたい。詳細については「人事制度改革について」に譲る。

3　第5次総合計画　――財政縮小時代の総合計画

（1）マニフェストによる市長選挙

二〇〇三年の市長選挙に三期目をめざして立候補する際、北川正恭三重県知事（当時）の提唱したマニフェストを掲げた選挙を行うため、私もマニフェストを公表した。知事の提唱した時期が選挙の年の一月下旬であったこともあり、すでに選挙用の政策集を作成し、リーフレットとして出していたため、その政策集を作りかえてマニフェストにすることとした。

私のマニフェストは基本的には、自らの二期目の任期中に作った第5次総合計画を基本としたものであることは言うまでもない。

その構成は

1　多治見市の状況の変化を踏まえ、新たな視点である「持続可能な地域社会づくり」を掲げたこと
2　1の視点に基づいて、今後重要な課題となる政策を総合計画の中から抽出して、実施へ向けての確認をすること
3　政治的課題に対する姿勢を明確にすること

の三点となっている。

多治見市では二〇〇一年、〇二年の二カ年をかけ、「高齢者需要予測調査」を岐阜県の外郭団体であるシンクタンクと連携して行ってきていた。近い将来、多治見市においても人口減少時代を迎えると予測し、その際の状況を的確に把握しておこうという意図で進めたものである。またその際、高齢化のスピードを踏まえた福祉サービス等の需要を予測するために行ったものである。

この調査は人口推計を行うことをその出発点にしており、その結果、多治見市においては二〇一〇年を境に人口減少が始まるという推計がなされた。

多治見市は古くから焼き物のまちとして知られ、陶磁器産業をほとんど単一の産業として発展してきた。しかし、七〇年代後半から八〇年代にかけて、名古屋市のベッドタウンとして住宅団地の開発が進み、人口が急速に増えてきた。ところが、バブル経済崩壊後、地価の下落が続き、名古屋都市圏が収縮することとなった。

都心から三〇キロ圏の周縁に位置する多治見市は、いわば波打ち際のように名古屋市の影響が押し寄せたり、退いたりする地域に位置する。膨張を続けていた時期には開発の波に翻弄され、今日では開発

圧力が低下し、また、市内では開発する余地もなくなり、大型の住宅団地の開発も姿を消し、急増していた人口も一〇万六千人に達した時期から横ばい状態が続いている（現在は隣接する笠原町と合併しているが、ここでは旧多治見市の状況を述べている）。

このように、二つの側面を持つ都市である多治見市において、今後予想されることは次の三つのキーワードで表すことができると考えた。「人口減少、少子高齢化、財政縮小」の三つである。こうしたことに対応するために、私が提起したのは「地域社会の持続可能性」という視点であり、近い将来訪れるであろう地域社会の課題について早い時期から検討し、地域社会の活力を失うことなく、市民が元気なまちを創ることをめざすものである。

この考えに沿って、二つの方向からのアプローチを試みようというものである。ひとつは「しごとづくり」を行うことで、ひらがなで書いたのには訳がある。これは、もちろん企業の誘致や新産業の創出といった経済政策の課題であるとともに、市民の手によるＮＰＯやボランティア、あるいはコミュニティビジネスを創っていくことをめざそうとするものである。特に後者はこれからの行政のあり方と密接に絡んでおり、行政が積極的に自らの仕事を開放していく姿勢があるかどうかにかかっていると考えた（後に「指定管理者制度」導入の際、いくつかある公民館や児童館を一つずつ館毎に発注することで、地域の団体やＮＰＯなどが参入しやすくするなどの工夫をした）。

選挙の際には、個人演説会の場で、将来行政の行うことのできる仕事は大幅に減っていくことが予想され、そこを補完する「市民が市民にサービスを提供する」時代がやってくることに焦点をあてた演説を繰り返した。こうしたことは選挙前にも、先の調査結果を受けて私が市の広報に連載していた「随想」の中でも触れた。その中で、時代が変わりつつあり、地域社会の変化を市民にも読み取ってもらいたいと考えた。

今ひとつは「安心と誇りの持てるまちづくり」をめざすことであった。これは市民の定住意識を高めるとともに、まちのグレードを上げることで、他地域の人たちが住みたくなるようなまちに造り替えることである。

戦後、バブル期まで経済は拡大してきた。それに対応する形で拡大を前提に政策づくりを行ってきた行政や政治家は、今日私たちが直面している右肩下がりの時代に対応するノウハウを持ち合わせていない。

私は地域において進行している事態の深刻さを互いに共有することが必要であり、それを念頭に置いた政策づくりに取り掛からなければならない時期に来ていることを強調し、それをマニフェストにまとめ、総合計画に書き込む必要性を感じていた。

例えば、住宅団地開発が急速に進むと、一時期に入居者が増加する。しかも、同じ価格帯で販売されるため、一つの団地の中にきわめて似通った階層の人たちが居住することになる。そのため同時期の退職や高齢化のスピードも急に上がり始めることが予測される。納税者からサービスの受給者へと一斉に変わっていくのである。

ちなみに、多治見市内でもっとも大きな団地内の小学校は児童一一〇〇人を超えるマンモス校であったが、一五年も経たないうちに、三一〇名余一学年一クラスの小学校へと変わりつつある。変化が極端な形で起きるのである。

しかも、多治見市の団地の状況をみると、多くの住宅団地が小規模で、丘陵地帯に点在する。そうした団地においては、公共交通機関も、公共施設、店舗さえもない。車を使用しなければ、生活が成り立たない地域社会が形成されており、高齢化が進めば地域が孤立してしまう恐れもでてくる。こうした団地の高齢者、ことに女性は運転免許証の取得者が少なく、この孤立に大きな不安を抱いているのである。その対応のために、今から何をしておかなければならないかは、自治体の重要な課題の一つでもある。

このように地域の状況を把握しながら、市民への的確なメッセージを発信することは、マニフェストの一つの大きな役割である。

2の重要課題についての施策は目標数値、必要経費を掲載した一表にまとめ、マニフェストに掲載した。この政策選択については1の「持続可能な地域社会づくり」を想定し、ことに「安心と誇りの持てるまちづくり」のための施策を選択している。こうした政策に係る経費についても、賄うことが可能かどうかも書き込んでいる。

3は当時すでに始まっていた近隣三市一町の合併問題への取り組み方や、合併問題には最終的には「市民投票」によって決定することを表明した。また、自治体基本条例（制定された条例名は市政基本条例）や子どもの権利条例、男女共同参画条例など制度として確立していかなければならないことについて記載している。

こうして作ったマニフェストをマスコミを通じて公表したが、これを一般に配布することができず、実際には後援会事務所、選挙事務所に積まれたままの状態となり、市民に十分な理解を求める機会がないまま選挙は終わった。

マニフェストを掲げる候補者が当選すれば、それに基づく市政運営が行われることになる。候補者の政策が行政の政策へと変わることを意味している。従って、マニフェストを市政運営の中で、どう位置づけるかが課題となる。

多治見市の総合計画の成り立ち、内容をみれば、総合計画の見直し作業を通して、マニフェストを計画に反映させなければならないことは当然のことである。従って、当選後、総合計画の見直しにあたってはマニフェストの考え方に基づいて行うことを指示した。

こうしてマニフェストを提示することによって、めざすべき方向を示し、それに基づいて市政運営を行うことを明確にすることに努めた。「公約は公約、選挙の時だけのもの」と考える職員の多い中で、首長のマニフェストが市政運営の根幹に位置付けられなければならないことを示し、総合計画へ組み込まなければならないことを意識させる必要があった。

そこで当選後、全職員対象に勉強会を開催し、職員たちにマニフェストに掲げた新たな視点「持続可能な地域社会づくり」について理解を得るとともに、行政運営について発想を転換する時期にきていることについて話した。当時、「持続可能性」という言葉が、ほとんど環境の分野でのみ使用されており、馴染みのない言葉であったこともあり、直接職員に語りかける必要があった。

図表6

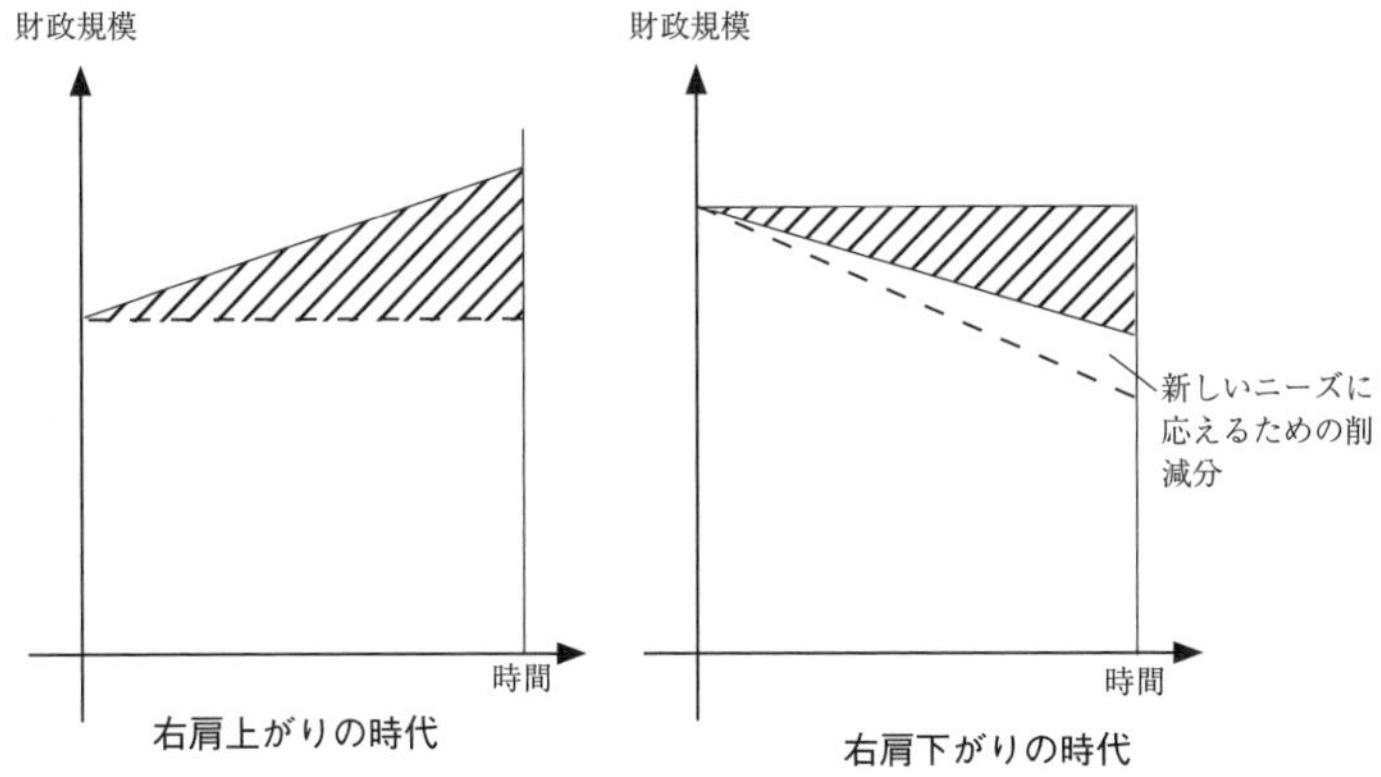

成長が望める時代、行政の仕事、組織はどんどん拡大し、市民のニーズに応えることも可能であった。市民にとっても行政が業務を拡大して、市民の要求に応えることがよい自治体の条件でもあった。しかし、時代は人口減少、少子高齢化、財政縮小の時代に突入し、行政自体が縮小せざるを得ない時代を迎えたことをまず確認させる必要があった。

その際、説明に使用したグラフがある（図表6）。横軸は時間の経過、縦軸は財政規模を表す。右肩上がりの拡大期には斜線で示した三角形の分、行政を拡大する余地があり、市民の要求に応えることのできる財源が存在していたことを示す。しかし、右肩下がりの縮小期には逆向きの三角形の部分だけ行政を縮小しなければならず、しかも、新たな行政需要が発生することを考慮に入れれば、さらに大きな三角形の分、行政を縮小しなければならないことを意味している。

決定的な変化が起こりつつあり、その深刻さは時とともに大きくなることが予想される。この変化をまず確認することが必要であった。

しかも、拡大の時代の政策選択とは異なり、「縮小」の方向で行政を変えていくことがいかに困難なことであるかを認識させ、それに取り組むためには職員自身が意識を変えなければならないことを強調した。事務事業の削減はそれに利害のある者、既得権者が必ずと言っていいほど存在し、その調整は決して容易ではないことを理解させなければならなかった。

また、同様の市民向けの文章を市の広報紙に掲載し、行政をめぐる状況、地域社会の変化についての理解を求めた。5次総後期計画の出発はこうした時代の変化を理解し、現実の課題として取り組むことであった。

（2）「縮小」をキーワードにした第5次総合計画後期計画（二〇〇五年策定）

マニフェストに位置づけた考え方の基本は、自治体がダウンサイジングされなければならないこと、近い将来必然的にそうならざるを得ないことをみんなで確認することであった。後に「拡大主義になりがちな計画ではなく、行財政改革を重視した計画とした」と総合計画後期計画の基本構想中に宣言することになるが、これまで成長を所与の条件としてきた自治体のあり方を根底から変えることが課題となった。

こうした時代を背景に、私が掲げた「持続可能な地域社会づくり」をめざす新たな視点を導入した計画づくりに取り掛かった。以上の点を踏まえ、後期計画のキックオフに際し、私は多くのことを策定の際の留意点として職員に指示した。

5次総（二〇〇一年度からの）が地域の課題に応え得るものになっているかどうかについての検証では、基本的に妥当であったことを確認した上で、なお見直しをしなければならないのは、人口減少への認識の甘さ、少子高齢化が市内の特定地域で急速に進みつつあり、市民の中にも切実感が生まれてきていること、財政悪化が予想を超えて進行していることであった。

その上で

1　拡大主義的な計画ではなく、縮小計画にすること
2　後期計画は「行財政改革計画」とすること
3　「持続可能な地域社会づくり」をめざす計画とすること
4　行政、市民の役割をできる限り明らかにし、行政の仕事をスクラップすること
5　行政のめざすのは「シビルミニマム」であって、マキシマムではないことを確認すること
6　事務事業・施策のスクラップは総合計画に基づいて管理して初めて可能になること
7　市民サービスの低下、受益者負担の増大は避けられない状況にあることを踏まえた計画にすること
8　財政推計を計画中に入れ、それに基づき五年間の事業量を推定した計画を作ること
9　施策の優先順位付けを行うこと
10　総合計画の進行管理の方法（5次総から初めて定着した）について計画内（基本構想）に明記すること

11　二〇〇四年に「構想日本」との共同作業として行った「仕分け作業」の結果を参考にすること
12　建設計画ではなく、維持修繕計画（調整計画）にすること
13　個別分野の計画と整合性を図ること
を計画策定に生かすよう指示した。

（11に記した「仕分け作業」は市民、他自治体職員などによって予算細目で示されている八七四の全事務事業について実施された。もちろん、この作業の中では政治的な配慮などは排除されているため、そのまま事業の廃止等に結びつくものとして利用することは難しいが、将来の行政のありよう、国や県との関係を考える時、重要な資料となる可能性がある。結果は金額ベースで主体別の比率は市が行うもの六六・四％、国一四％、県四・九％、民間三・一％、不要一一・六％となった。中でも商工費などは四〇％以上が不要とされた。）

こうした観点から考えれば、当然、基本計画（後期計画）の策定に留まらず、基本構想に踏み込んで作り直すことが不可欠となった。特に、人口減少を人口推計の中で認めること、財源縮小の内容にならざるを得ない財政推計を導入して、事態に対する理解を求めるとともに、財政規律の確立をめざすことであった。

これについては政治的な批判が議会等から予想されたが、今日の状況を市民にも職員にも認識されることがもっとも大きな課題であるという観点から、基本構想見直しの中で位置づけることとした。「縮小」に対する批判は、今日においてもなお拡大を志向する考えが根強く存在するところからくる。

事実、「縮小」をキーワードとする後期計画に反対した議員も存在した。公然と反対を表明した議員以外にも、こうした意見に賛同している人は多く、その後も私との対立の大きな要因の一つとなった。

通常、行政は人口減少、財政縮小を認める態度を取りたくない。首長にとっても「お前の施策の失敗の結果として、こうしたことが起こっている」という批判を容易にされることになる。首長や行政がなかなかこうした現実を認めようとしないのは、批判を避けたいがためである。現実に私に対して議会でそうした趣旨の批判をした議員がいたのである。

なお、人口推計については、前述したように後期計画に先立って市独自に「高齢者需要予測調査」の中で行っており、その推計を基本として計画を策定することにした。先に触れたように「調査」では二〇一〇年をピークに多治見市の人口は減少すると予測された。しかし、事態はもっと進んでおり、二〇〇五年の国勢調査で三〇〇人程とはいえ、史上初めての人口減少が明らかになった。住民基本台帳上の人口は一〇万六千人程度で横ばいの状態が数年続いている（旧多治見市に限る）。その後、再推計を行っているが、それにおいても特殊合計出生率低下の進行などにより、一層人口減少は早まると予想されている。

基本的には5次総策定時に作られたシステムを継承し、発展させることをめざした計画づくりとなったが、その後、後期計画そのものの策定はともかく、みんなを悩ませる困難が待ち受けていた。それは財政推計を導入したことの必然的な結果でもあった。

財政推計が明らかにしたことは財源が減少し、しかも減少する財源の額も確定されるということである。その額は今回の推計によれば、一般財源ベースで計画期間五年のトータルで九〇億円に上った。このことは、五年間を見据えながら、九〇億円分の事務事業を廃止、または制度見直しによる削減などを行わなければならないことを意味している。

多治見市では、前述のように総合計画による施策、事務事業の管理を行うシステムを厳格に運用しているため、財政推計で明らかになった財源縮小の事態を受け、その減少する金額に見合う事務事業削減を総合計画の中で行わなければならないという必然的な帰結でもあった。

実行計画を確定するまでの間、およそ六カ月、厳しい作業が続き、政策会議と専門部会（課長級）、そして事務局との間を幾度も行きつ戻りつしながら、議論が繰り返され、予算編成終盤になってようやく四五億円分の削減案を決定し、承認されることとなった。しかし、こうした厳しい作業を経ても実現できた削減額は、財政推計のちょうど半分にすぎず、残りの四五億円については、後年度再び作業を繰り返さなければならないことを意味していた。

この作業と並行して、総合計画事業の優先度を付ける作業も行われた。このランク付けはAからDまでの四段階で行うこととした。Dは廃止を意味しているため、計画上から消された事業である。Dランクを除く他のランクは

Aランク　市が最低限行わなければならないもの
Bランク　予算の許す範囲で行うもの
Cランク　財政事情が変われば取り組むもの（隣町との合併が予定されており、合併特例債などが見込

めるなどの変化を予測して位置づけたもの）

とした。

この時点で、投資的経費がほとんど生み出せず、継続的に行ってきた事業さえも、Cランクにせざるを得ないものが続出した。特に多治見駅周辺の土地区画整理事業や、それに付随する多治見駅の移設等長年の懸案さえもCランクとせざるを得ず、合併特例債を財源として充てなければ実施不可能の状況にあった。

これまでも、多治見市では総合計画によって行政をコントロールするシステムづくりを継続的に行ってきたが、後期計画の実行計画策定の作業を通して施策・事務事業の選択を行うことができるようになった。5次総後期計画に至って、行財政改革を進めるためのツールとしての性格も備えることとなった。文字通り行政全体をコントロールするシステムへと成長したことを実感できるようになったのである。

「縮小」をキーワードとした5次総後期計画の策定は、必然的に「選択と集中」を総合計画に求め、なおかつ財政そのもののあり方もコントロールすることができるものとして成長することとなった。一方、5次総後期計画の策定を受けて、その後作業に入った行政改革大綱に対する考え方も変わってきた。それまでの行政改革は極端にいえば「量」を削る、減らす作業であった。しかし、総合計画が行財政改革を推進する源となったことによって、行政改革大綱の意味合いは「行政の改革」を進めていく指針とならなければならないとの思いをいだき始めた。

私たちは総合計画のあり方に重きをおいたシステムづくりを行ってきた。しかし、それには先進事例があったわけでもなければ、最初から定式のようなものや当初から想定したシステムがあって、それをめざして作り上げたわけでもない。今日構築したシステムは職員たちが、一つひとつ、ステップバイステップで積み上げることで構築したものである。それは不断に改革を進め、行政に求められるよりよいシステムを創ろうと考え、努力した結果である。

また、総合計画は市民に行政の内容全体を明示するものとなり、もはや総合計画を「総花的な飾り物」と考える人はいなくなった。市民との信頼関係を築くことが困難な時期に、一歩でも、二歩でも、その関係が深化していくことを期待しながら、この作業を進めて来た成果である。その過程で職員たちの創意工夫が生かされ、多治見市独自のシステムを構築することに大きく貢献したことはいうまでもない。

私は節目、節目に進む道を間違えないように舵取りをし、時として地域課題や時代の変化を読みながら、基本的な考え方を示したにすぎない。

多くの職員とこうした市政運営のあり方をともに創ってきたとの共有の意識に基づいて「行政の改革」を進めてくることができたとの思いが日々強くなってきた。

このような総合計画を持ちえたのは、変えることをおそれず、歩み続けた職員たちの努力の結果である。この間、私が考えて来たのは首長も職員も総合計画のシステムを創ることによって自律的な抑制とでもいうべきマインドを育んでいくことが必要であるということであった。野放図な行政運営はもはや許されなくなっているのである。ここまで歩んでくると、こうした総合計画のシステムなしに行政運営をどうやっていたのか、今では思い出すこともできなくなっている。

5次総後期計画策定以後、予算編成の作業も決定的に変わってきた。システムの中でまさに自動的に予算編成が行えるようにまで進化した。行政は変わったという実感が湧いてくるのである。

（3）政策形成スケジュール表

多治見市では毎年度末、「政策形成スケジュール表」と名付けたA3の一枚紙のスケジュール表が企画課から政策会議に配布される。二〇〇六年度の表について見てみよう（図表7）。

横軸には時系列的に当年度政策形成期（四月―七月）、予算編成期（八月―一一月）、政策・人事・評価期（一二月―翌一月）、政策・予算・人事確定期（二月―三月）と区分されており、縦軸には全体スケジュール、第5次行政大綱作成、二〇〇六年度政策形成（総合計画・政策決定、市民参加、予算編成）、その他として5次総実行計画、定数管理、予算編成（補正予算）、決算、市議会、目標管理と事業項目（むしろ、作業項目とした方が適切か）が並んでおり、それぞれの項目についてのスケジュールを図示したものである。この図表によって、多治見市における重要な取組みについての日程、他作業との関連性など一目瞭然となる。

たとえば、四月に入ると総合計画の実行計画・進行管理表が公表され、職員の手元に届く。企画課はそれに基づいて部課別施策体系および懸案事項（通称施策マトリックス）を作成する。この政策マトリッ

図表７　政策形成スケジュール表

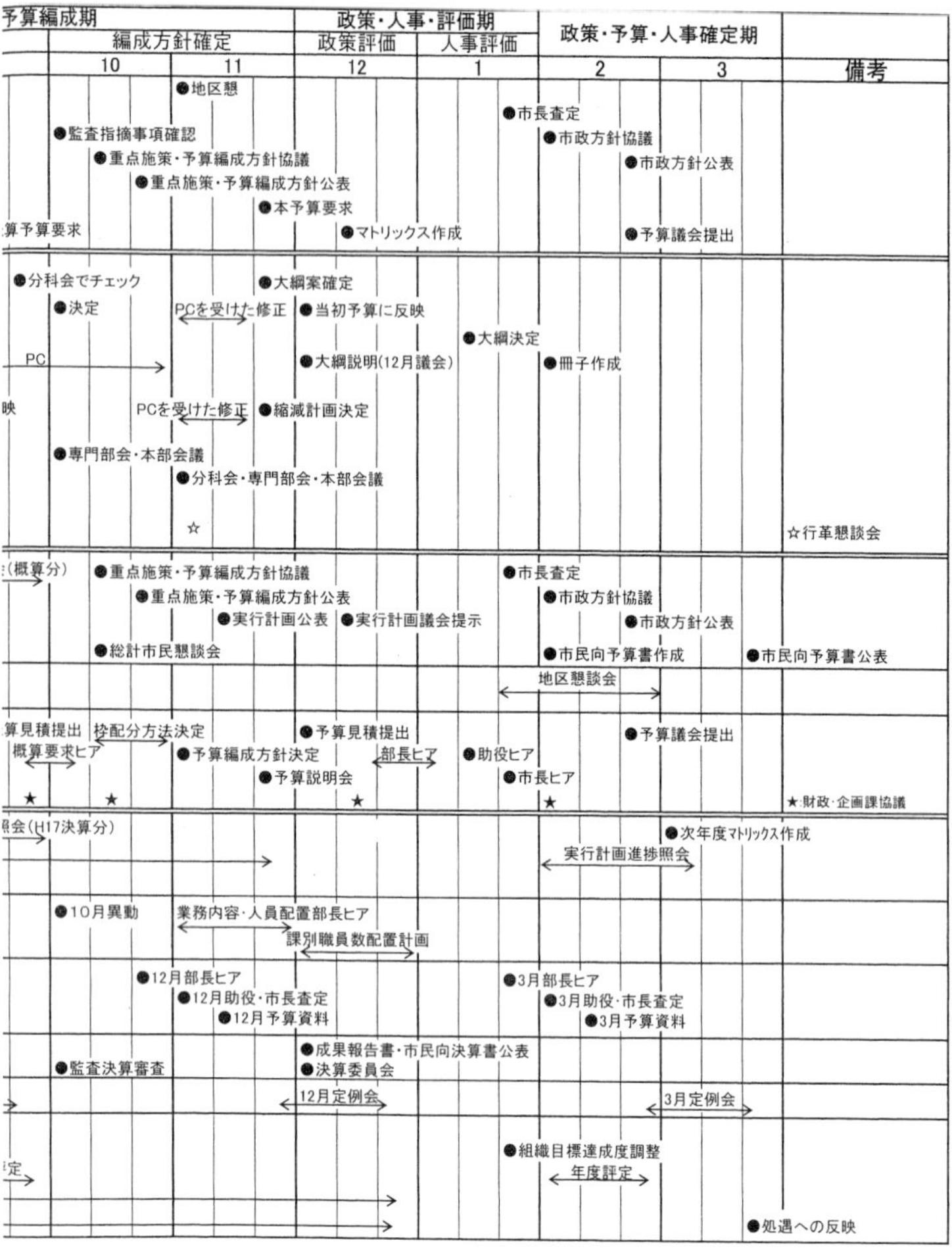
予算編成期
編成方針確定
政策・人事・評価期
政策評価
人事評価
政策・予算・人事確定期
10
11
12
1
2
3
備考
●地区懇
●市長査定
●監査指摘事項確認
●市政方針協議
●重点施策・予算編成方針協議
●市政方針公表
●重点施策・予算編成方針公表
●本予算要求
算予算要求
●マトリックス作成
●予算議会提出
●分科会でチェック
●大綱案確定
●決定
PCを受けた修正
●当初予算に反映
●大綱決定
PC
●大綱説明(12月議会)
●冊子作成
映
PCを受けた修正
●縮減計画決定
●専門部会・本部会議
●分科会・専門部会・本部会議
☆
☆行革懇談会
(概算分)
●重点施策・予算編成方針協議
●市長査定
●重点施策・予算編成方針公表
●市政方針協議
●実行計画公表
●実行計画議会提示
●市政方針公表
●総計市民懇談会
●市民向予算書作成
●市民向予算書公表
地区懇談会
算見積提出
枠配分方法決定
●予算見積提出
●予算議会提出
概算要求ヒア
●予算編成方針決定
部長ヒア
●助役ヒア
●予算説明会
●市長ヒア
★
★
★
★
★財政・企画課協議
会(H17決算分)
●次年度マトリックス作成
実行計画進捗照会
●10月異動
業務内容・人員配置部長ヒア
課別職員数配置計画
●12月部長ヒア
●3月部長ヒア
●12月助役・市長査定
●3月助役・市長査定
●12月予算資料
●3月予算資料
●成果報告書・市民向決算書公表
●監査決算審査
●決算委員会
12月定例会
3月定例会
●組織目標達成度調整
定
年度評定
●処遇への反映

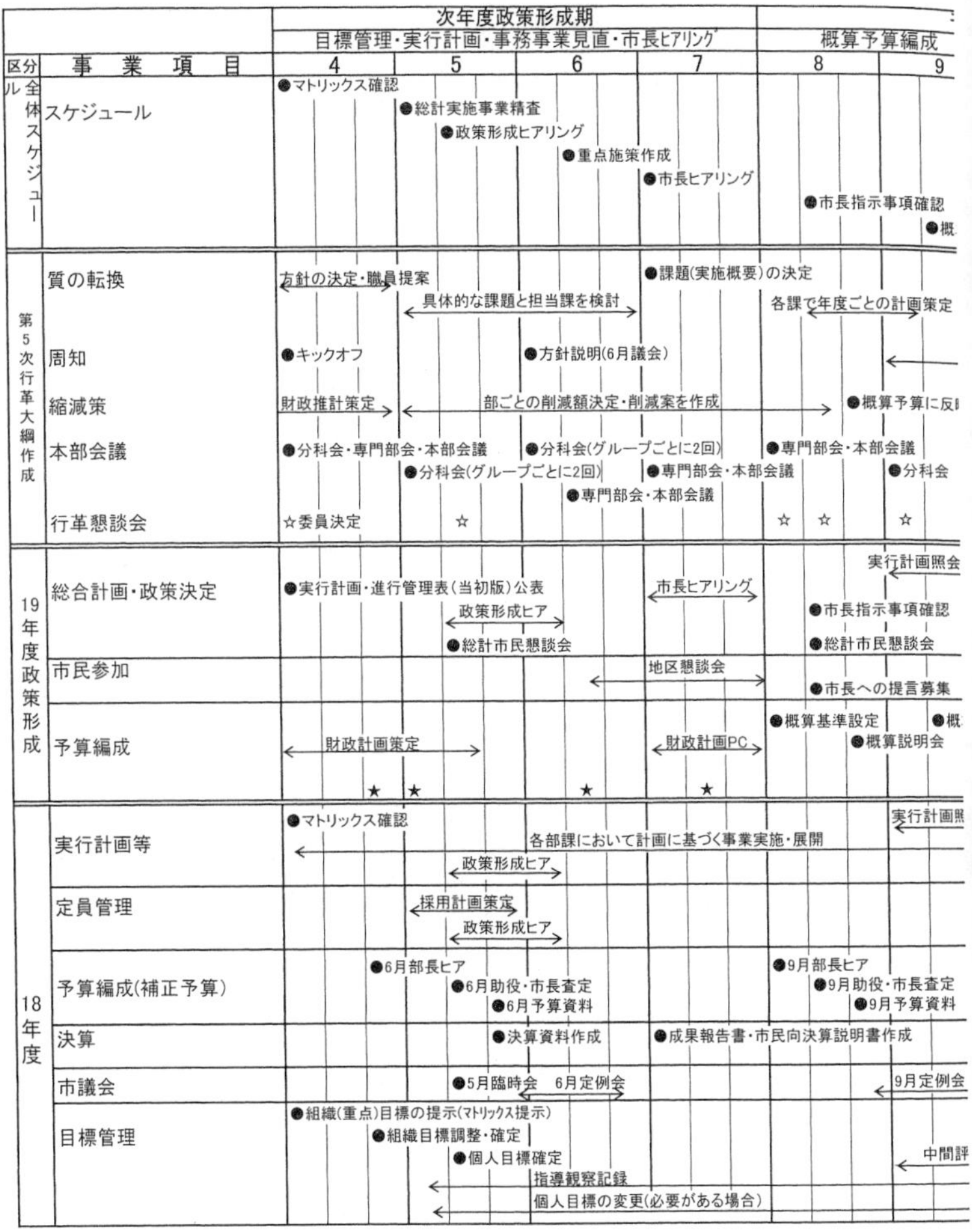
次年度政策形成期
目標管理・実行計画・事務事業見直・市長ﾋｱﾘﾝｸﾞ
概算予算編成
区分
事　業　項　目
4
5
6
7
8
9
全体スケジュール
スケジュール
●マトリックス確認
●総計実施事業精査
●政策形成ヒアリング
●重点施策作成
●市長ヒアリング
●市長指示事項確認
第5次行革大綱作成
質の転換
方針の決定・職員提案
具体的な課題と担当課を検討
●課題(実施概要)の決定
各課で年度ごとの計画策定
周知
●キックオフ
●方針説明(6月議会)
縮減策
財政推計策定
部ごとの削減額決定・削減案を作成
●概算予算に反
本部会議
●分科会・専門部会・本部会議
●分科会(グループごとに2回)
●専門部会・本部会議
●分科会(グループごとに2回)
●専門部会・本部会議
●専門部会・本部会議
●分科会
行革懇談会
☆委員決定
19年度政策形成
総合計画・政策決定
●実行計画・進行管理表(当初版)公表
政策形成ヒア
●総計市民懇談会
市長ヒアリング
実行計画照会
●市長指示事項確認
●総計市民懇談会
市民参加
地区懇談会
●市長への提言募集
予算編成
財政計画策定
財政計画PC
●概算基準設定
●概算説明会
18年度
実行計画等
●マトリックス確認
各部課において計画に基づく事業実施・展開
政策形成ヒア
実行計画照
定員管理
採用計画策定
政策形成ヒア
予算編成(補正予算)
●6月部長ヒア
●6月助役・市長査定
●6月予算資料
●9月部長ヒア
●9月助役・市長査定
●9月予算資料
決算
●決算資料作成
●成果報告書・市民向決算説明書作成
市議会
●5月臨時会
6月定例会
9月定例会
目標管理
●組織(重点)目標の提示(ﾏﾄﾘｯｸｽ提示)
●組織目標調整・確定
●個人目標確定
指導観察記録
個人目標の変更(必要がある場合)
中間評

クスと照らし合わせながら、目標管理制度における各部課の組織目標が立てられ、人事課が取りまとめ、その組織目標についての全庁的な調整・確定作業が行われる。それが終了すると、総合計画、実行計画の見直し作業にとりかかるのであるが、その最初の作業が政策形成ヒアリングである。企画サイドの作業が進む一方、財政担当は翌年度予算へ向けて財政計画の策定作業を並行的に行い、それを公表した後、次年度予算の概算基準設定へと進むといったように作業が行われていく。

この一枚の紙によって前年度の決算から次年度の政策形成に至るまで、前後三カ年についての政策形成の流れを知ることができる。総合計画を基軸として行政全体の管理がいかにして行われているかが分る。ことに総合計画の進行管理や政策決定と来年度予算編成との関係をはじめ、目標管理制度、定数管理の取組みについても、その作業が関連付けられて実行されているかを読み取ることができる。

行政運営の中で様々なシステムを構築し、それを忠実に実行してきたことの結果として、網羅的かつ全庁的にスケジュールを管理することができるようになったことを示すものである。

事業項目として掲げられたそれぞれの作業が有機的、体系的に結び付けられていくことになる。もし、それぞれの事業項目が各セクションの作業としてのみとらえられているとすれば、このようなスケジュール表は作成されることはないであろう。もし、作られたとしても、それの機能は単なる時間調整としての意味しか持ち得ないであろう。

職員たちが常に関連付けられたこの表を意識し、今何をしなければならないかを考えなければならない。その意味でこのあたりまえに見えるスケジュール表も多治見市の「行政の改革」の日常的実践の結果として表れていると考える。否応なしに全庁的に行政運営のシステムを見据えながら、それぞれのセクションは仕事に取り組まなければならないといえる。

また、一セクションにとっても、当該年度に取り組まなければならない個別計画の策定手順、新規政策の形成等についても、このスケジュールに合わせて行わなければならないため、個々のセクションにおけるスケジュール管理も的確に行われることとなる。

4　マニフェストについて

二〇〇三年の市長選挙においてマニフェストを掲げたことはすでに述べた。マニフェストに掲げた政策を市の政策とする過程で、総合計画の実行計画シートの様式も変更した。その事業がマニフェストに位置づけられているものかどうかがすぐに分かるよう変更した。

マニフェストの進行管理は毎年、総合計画の進行管理を行う過程で共に行うことにし、「市長ヒアリング」に提出する調査票には、新たにマニフェストに関する欄を設けた。ヒアリングの際、それぞれの担当課から該当する事業について報告させることにしたため、ヒアリングが終了すれば、役所全体のマニフェストの総括表は自動的に出来上がることになった。

それを「マニフェスト進行管理表」と名付けて、毎年公表してきた。そして、三期目の終了時に四年間の総括表を作成して、公表した。それには行政としての評価とともに、私自身の評価を五段階評価で行うとともに、課題を抱えている事業についてはその課題を記述する方法をとった。また、総評としてマニフェスト全体の自己評価についても掲載している。評価の方法が適当であるか否かは今後の議論を待つとして、このような総括表を提出することによって四年間の市政運営における成果や問題点を市民に明らかにすることができた。

多治見市のみならず、選挙の公約（マニフェスト）の評価を公表した例は寡聞にして知らない。その点で画期的なことであるといえる。また、市民に対して市長が政治的な責任を果たしたかどうかの判断する際の材料を提供することができたことは、極めて有意義なことであったと確信している。私個人としても四年の任期の責任を果たすことができたと実感することができた。

四年間のマニフェストによる市政運営を振り返ると様々な問題が浮かび上がってくる。二〇〇三年の市長選挙の際、私の対立候補はマニフェストを作らなかったのであるが、もしマニフェストを作っていたらという問題がある。明らかに情報の量も質も圧倒的に現職が多く持っている。直接職員が関わらないにせよ、間接的には現職は職員の支援を受けていることは否めない事実である。一方、現職は現に行っている行政運営に拘束されており、必然的に自らの政策の継続性を要求されてくる。自己否定となるような政策を掲げることはできないという制約を負っている。

一方、新人候補は情報のない中でマニフェストを作らざるを得ないことになり、この情報の不足をどう補うかが大きな課題となってくる。何よりもここで求められていることは、情報公開・情報提供がどこまで行われているかである。必要な情報がすぐに検索できるような態勢がとられているかどうかがマニフェストを意味あるものにするかどうかを決定することになる。

後に、多治見市では全国に先駆け、「マニフェスト作成支援要綱」を作り、情報の提供を行うことにした。これは市の職員にとっても密談していると受け取られかねない候補者との接触も公然と職場内で可能となる。

また、多治見市の特筆すべきことは、前述のように行政の行っている事務事業の内容を総合計画に明示し、ホームページなどに載せ、公表していることである。このことから施策の取捨選択は容易に行えることとなり、新人候補にとってもマニフェストが作りやすい環境を整えているといえる。

自らの基本的な理念に基づいて施策全体を見直し、差し替え作業を行うことが可能になってくる。対立点が明らかな選挙であれば、一層その争点は明確に有権者に示されることになる。しかも、財政推計も毎年公表し、歳入額が明らかにされている中で、マニフェストがウイッシュ・リストになっている場合、財源不足を生じることとなり、それをどう解決するのかも大きな課題となってくる。

必然的に削減する事務事業のリストもマニフェストに記載すべき事柄の一つとなってくる。あるいは行政改革等の数値目標を掲げることも重要なこととなる。財政計画を示さないまま、行政運営を行うことはこうしたことを曖昧にし、場当たり的な運営を許すことになり、ウイッシュ・リストとしてのマニフェストを許す余地を残すことにもつながる。拡大ではなく、縮小が求められている今日的な状況の中では避けて通ることのできない問題で、それに触れることのないマニフェストはマニフェストとしては失格と言わざるをえない（繰り返すと情報公開が適切に行われているかどうかが鍵になってくる）。

反面、新人候補のマニフェストは既成の考え方や行政の持っている限界を乗り越えようとする取組みを提示することも可能である。それは有権者に新鮮なイメージを与え、大胆な問題提起を行うことのできる優位さを持っており、挑戦的なメッセージとして作成することも可能である。しかし、政策自体が重大な問題をはらんでいるケースが出てくることにもなる。

マニフェストをめぐる考え方が定着し、様々な自治体選挙でそれを巡る政策論争が巻き起こってくれば、選挙のあり方を変えていくことになるが、その中の政策が選挙によってオーソライズされることになり、実行不可能な政策さえも罷り通ることになりかねない。そのためマニフェストそのものの内容が一層問われてくることになってくる。それだけマニフェスト作成時の候補者には責任が問われることとなる。

たとえば、法令等に違反しているもの、制度上そぐわない施策、財源が全く伴わない政策、明らかに政策の有効性が疑問視されるものなどが提起される虞を払拭することはできない。その政策が当選後無意味な行政や議会との軋轢を生むことも当然予想される。ウィッシュ・リストや耳触りのよい政策によって多くの得票を得るために作られたマニフェストでは、こうしたことが起こってきても不思議ではない。その政策がマニフェストに記載されている政策であるという理由で実施されれば、市政の混乱も覚悟しなければならない。

ここでもマニフェストの質の高さや作成過程での客観性が求められてくる。また、市民の側でもマニフェストを的確に判断する能力が求められてくることは当然のことである。今後の課題としてマニフェストの作り方についての議論が深められていくことが不可欠となっており、特に新人候補のマニフェストの内容について検討していかなければならない課題である。

いずれにしても、マニフェストを掲げ、それを行政の政策として位置づけ、進行管理し、任期終了時にはそれを総括する、こうしたサイクルを繰り返すことによって自らの市政運営の方針を常に意識し、その政策実現に向けて四年の任期中の達成度を確認し、評価することによって市民の評価を仰ぐことができるようになる。

マニフェストを自らの指針として自律という意識を持って市政運営にあたることができるようにもなってくる。これはマニフェスト選挙がもたらす政策を提示し、議論することによって有権者の選択を受けるという本来の選挙戦のあり方に近づき、また市民の信託を受けた首長の行政へのメッセージとして有効な働きをすることとともに、マニフェストのもたらす大きな価値の一つであるといえる。

また、私が一二年前現職市長との選挙戦に勝利し、市長に就任してからの一二年ほど、ほとんどがアンチ西寺派の部長たちと会議ごとに衝突、新しい施策への取組みをサボタージュされ、行政の方向性を変えることができなかった経験からも、マニフェストが選挙によってオーソライズされるものとして行政を変えていくためのツールとして機能することになれば、それは大きな変化をもたらすことになると確信している。

Ⅳ章　行政改革から「行政の改革」へ

1　行政改革＝リストラ　――量的縮小イメージからの脱却をめざす

私は就任当時、行政改革という言葉を使うことにためらいがあった。すでに、その当時でさえ「行政改革＝リストラ」というイメージがこの言葉に染み付いていたからである。私は「行政改革」ではなく、「行政の改革」という言葉を使いながら、「多治見市を変える」ことをめざした。それは単なる量的な改革にとどまらず、市政のあり方、行政のあり方そのものを変えていく、言い換えれば質的な改革をめざす意味を込めて「行政の改革」といいたかったのである。

辞書をひも解けば明らかなように、本来リストラは「再編成」を意味している。しかし、行政改革や企業の合理化（縮小）と結びついて使われてきた「リストラ」は、減らす、スリムにするといったことのみを意味するように使われてきた。その言葉に染み付いたイメージは今日まで払拭されることなく使われ続けている。企業におけるリストラといえば、極端にいえば人減らし、首切りを思い起こす言葉にさえなっている。このような言葉の極端な使い方が定着したかにみえるが、それは、単に再編成＝リストラクチャーの一手段にすぎないはずである。

今日的な課題として、人口減少、少子高齢化、財政規模の縮小といったことばを思い起こし、将来のわがまちを展望すれば明らかなように、高度成長経済に支えられ、拡大を続けてきた行政のあり方を変えなければならないことはいうまでもない。しかし、明らかに「縮小」の時代を迎えても、いまだにかつての「よき時代」を忘れることができず、相変わらず「拡大」を志向する人たちが、数知れず存在していることに驚きさえ感じてしまうのである。

わがまちだけはそうしたことにしてはならず、「拡大」を志向しない負け犬的な発想を捨てなければいけないと考える人たちも多い。右肩上がりの時代、日本の自治体は財政規模の拡大とともにその組織を膨張させ、市民のニーズに応えるため、多くの仕事を抱え込んできた。また、それが可能な時代でもあった。

しかし、今日においてもそうしたことが可能であるかどうか、だれもが疑うようになってきている。「失われた一〇年」という言葉が流行したが、この厳しいはずの時間の中でも、いずれ景気は回復する、そうすれば、またなんとかやりくりはできる。事実がそうであったように「国が何とかしてくれる」と依然思い続けていた自治体関係者も多く存在した。いや、国政にかかわる多くの議員たちも、財政出動すれば景気は浮上すると考え、多額の国債の発行を支持し続けて来た。「縮小」をめざさなければならない時代に、かつての拡大路線を維持しようとした。その結果は、地方交付税特別会計だけでも五〇兆円を超す赤字を残すことになったのである。

この間、自治体関係者の多くは思考停止に陥り、地域課題に真正面から取り組み、地域社会の将来を冷静に判断して、発想を転換することを忘れていた。

こうしたことは、決して行政や政治に携わる人たちだけの問題ではなかった。かつて要求すれば、かなえられる時代を過ごしてきた市民も「要求型」の発想から抜け出ることができず、今日に至ってもなお、そうした志向は根強いものがあり、「縮小」を受け入れることが極めて難しい状況である。新たな考え方の萌芽はあるものの、「行政は市民のニーズに応えるもの」「行政がやってあたりまえ」といった考えから抜け出せないでいる状況でもある。

決定的に時代が変わったことに気付き、地域社会の持続可能性を追求せざるを得ない状況にあることを認識すれば、自治体のあり方、市民と行政のあり方、議会と行政、議会と市民の関係も変わっていかざるを得ないことが見えてくるはずである。このような時代であればこそ、今一度、根源的なところから「自治体の再構築」に取り組むことが大きな課題として、私たちに突きつけられているのである。しかし、何もないところから「再構築」が生まれてくるはずもなく、不断の「行政の改革」の先に「再構築」の姿が見えてくるといわなければならない。「行政改革」という言葉の持っている量的な縮小のイメージとは異なる「行政の改革」と、今日においても呼びたいのである。

私の任期中、2次から5次にわたる行政改革大綱を策定してきたが、肥大した行政の組織機構、職員定数、数多くの施設の維持管理など右肩上がりの時代の負の遺産をどう整理していくかは大きな課題には違いなく、行政を大きく変えていく必要性は、財政危機からの脱出という喫緊の課題とともに、多治見市の中心的テーマとなった。しかし、それに留まることなく、常に質的な改革をめざすことの必要性も主張し続けて来た。

市民との信頼関係を築くことが極めて困難な時期に、役所の体質が変わらなければ、事態は一歩も前進しないことは明らかである。にもかかわらず、「官尊民卑」の意識から抜け出せない職員が数多くいることに驚かされるのである。こうした旧来からの体質をいかに払拭していくかを課題としなければならなかった。

（就任のあいさつで「官尊民卑」という言葉を使ったところ、ある職員から、「市長いくらなんでも今はそんなことはありませんよ」といわれたが、それから一二年が経過した今日でも職員たちが本当にそうした意識を払拭しているかどうかははなはだ疑わしい。言葉としては死語となって、使われることもほとんどないが、現実の役所、役場がそうでなくなったかというとそれは心もとないのである）。

長期にわたり市議として役所を見続けてきた私は、停滞し、遅れた行政を変えることが、市長としての大きな仕事であると考えて続けて来た。また、行政への不満や将来への不安を感じていた市民の支持で当選した私にとって、その政治的な意味からも役所の体質を変える必要性に迫られてもいた。

（「多治見を変える！」が最初の市長選挙のメーンスローガンであったことは前述したが、そのためにはまず「行政を変える」ことができるかどうかが問われていた）。

2　第2次行政改革（一九九五年～一九九七年）

就任直後に策定した行政改革大綱（一九九五年一二月）（第2次行革）は、今から顧みれば、その内容において十分なものとはいえなかった。後に策定した第3次以降の大綱と比べてみれば明らかなように、問題意識が必ずしも鮮明であったとは言い難いものであった。それでも一九八五年、前市長の下で策定された多治見市の最初の大綱に比べれば、飛躍的に変わっていた。八五年当時、自治省からの行革推進の方針を受け、形だけを作り、体裁を整えるという意味合いで作られたことを記憶している。当時の幹部職員たちには正面からそれに取り組む姿勢が欠如していた。

この2次行革では「六項目を基本方針として掲げ、全庁を挙げて取り組むこととした」と謳い

1　受益者負担の考え方、市民参加の促進及び効率的な行政運営を行うため事務事業を見直す

2　今後必要な行政施策の展開を行うための体制を強化することを主眼として、組織機構を見直す

3　定員増加の抑制

4　職員研修の充実による能力開発
5　情報化施策の推進
6　施設の管理・運営に対する民間活力の導入

を掲げている。今日これをみると脈絡のない文章（1、2については大綱の文のまま）や「これが行革のテーマ?・」といったものも混ざっている。今からみれば市長の交代により職員が戸惑っている姿だけではなく、私自身も混乱している姿が浮かんでくる。そう批判されても仕方のないものになっていると言わざるを得ない。

「全庁を挙げ取り組むこととした」とわざわざ書き加えなければならなかったのも、縦割り行政の壁に阻まれ、容易に全庁的な取組みができないという状況にあり、悪戦苦闘していた就任直後の様子が蘇ってくる。

とはいえ、この2次行革において行った組織機構の見直し（九七年四月）は三部五課（その後も課の統合等を継続的に行い、二〇〇二年までに一二課削減）を削減した。かつてこうしたことは行われたことがなく、多治見市においては組織の肥大化が続いていた。この取組みが組織の統廃合に手を付けた最初であった。この組織機構の見直しがその後の行政改革を進める上で大きな役割を果たすことになった。

部が三つ減ったため、部長職にあった職員をそのポストから外し、スタッフである「参与」とする荒療治が必要であった。水面下で激しい反対の動きがあったものの、この組織機構改革を断行したことによって、就任当時から全く動かなかった多治見市の職員たちが、ようやく市長の方へ顔を向けて仕事を始める契機ともなった。

一方で、この期間中マイナスシーリングによる事業費削減といった旧来からの手法のみにたよるのではなく、それぞれのセクションが抱えている事務事業の必要性そのものを問い直す作業を行った。必ずしも、それで事務事業の削減ができた訳ではなかったが、その後継続して取り組むことになる事務事業の見直し作業の先鞭を付けることとなった。また、組織のあり方についても、課の中でさえ、係単位のセクショナリズムがはびこっていたのを変えるためグループ制を採用することを決定し、一九九八年一〇月から係長制を廃止した。

大綱の不十分さは否めないものの、実行段階で本格的な行政改革に取り組む姿勢を明確にすることによって、以後の取組みの基盤づくりの役割を果たしたといえよう。

それまで事務事業の民間委託化の全く進んでいなかった多治見市において、民間委託化の方向性を示し、実施へと進めたのも、この2次行革であった。しかし、職員定数について極めて曖昧な表現に留まり、「定員の増加を抑制する」こととされ、「削減」は3次行革に持ち越されることとなった。

しかし、それにも関わらず、2次行革の意義は決して小さくはなかった。それは2次行革に掲げられた実施項目について、それぞれ具体的に大綱の期間である三年間での実施を明示していたため、計画期間終了時には、その進捗状況の把握、確認等を行うことが可能であり、3次以降の大綱づくり、その進行管理の方法開発等へと発展していく端緒となった。

また、引き続いて3次行革を立ち上げ、行政改革を継続させていく意思を固めることとなったのも、

2次行革を実行していく過程で、「財政緊急事態宣言」を発しなければならなかった財政状況の悪化や、組織の肥大化を食い止めなければ、今後立ち行かなくなるという認識を持つに至ったからである。そして、行政そのもののあり方を常に問い続けなければならない時代に入ったことを確認したからに他ならない。

その一方で、私が考えていた「行政の改革」の目標も掲げられており、その点についても実施に向けて動き出すこととなった。その例として情報公開制度の創設（九八年一月実施）、それに先立つ個人情報保護制度の創設（九七年四月実施）、女性政策の推進（九八年二月男女共同参画プラン策定）などを揚げ、実行することができた。

いずれにしても、2次行革策定時から間のない時期に「財政緊急事態宣言」を発する状況に追い込まれたことが、大綱策定時に考えていた認識が甘く、行政改革の持つ意味合いを充分理解していなかったことを、私たちは思い知らされる結果となったことは否定できない。

3　第3次行政改革（一九九八年～二〇〇一年）

2次行革がその方向性の面で様々な問題点を孕みながら出発したことについてはすでに述べたところである。その意味で多治見市の行政改革は第3次行政改革大綱（3次行革）から本格化したといっても過言ではない。3次行革で採用した大綱の策定方法、実施方法、進行管理など今日まで発展的に踏襲されている。また、G－PLANと名付けられた実施計画を策定し、一項目ごとに具体的な事項、実施年度、実施機関等を掲げることにしたのも、この時からである。

3次行革策定作業の中で、事務局の職員が「行革の会議だけは市長が出席している場合とそうでない場合では全く議論が変ってしまいますので、必ず出席するようにお願いします」と申し出があり、行政改革本部会議（政策会議メンバー）は必ず私の出席できる日時に開催することとした。ドラスチックな改革はできることならば避けたいと考える雰囲気が、幹部職員の中に依然としてあったためである。私にとっては、市長の任期二期目に臨もうとしていた時期であり、行政改革を遂行できるか否かは、もっとも重要な政治課題のひとつとなっていたのである。

一方、ようやく動き出した役所の動きを立ち止まらせることなく、一層の流れを作り上げなければならない時期でもあった。財政緊急事態宣言下の厳しい状況の中で、行政改革、しかも、これまで当然市が行うことと誰もが考えて来た事業のスクラップや、補助金の見直し、施設の管理委託、統廃合といった困難な事項にも手を付けざるを得ない時期に突入していた。「胃の痛くなるような」行政改革に踏み切るか否かの選択がかかっていたといっても過言ではない。

基本方針に「分権型社会への移行に伴う政策形成能力の向上及び能率的な組織運営を行うと共に、本市を取り巻く厳しい財政緊急事態に対応するため、第3次の多治見市行政改革大綱を策定し、行政の責務に応じた効率的な行財政運営を、市民の理解と参加を得ながら確実に実施する方向を示します。」と謳った。

基本方針の下に基本目標、実施項目推進方針、実施事項で構成される大綱を策定することになった。まず数値目標を付けた四つの基本目標を掲げた。

1　職員定数を平成二二年度までに現行の一五％削減する
2　事務事業見直し（現行の事務事業を平成一三年度までに一五％削減）
3　経常収支比率の改善（平成二二年度までに七〇％台にする。当時八九・九％まで悪化していた）
4　歳入金収納率の向上

経常収支比率が目標に掲げられているのは、この数値が当時としては非常に悪化していたことによる。

実施項目推進方針では一二項目を掲げている。
①　組織機構関係（時代に即応するよう整理統廃合を行う）
②　外郭団体関係（自立化や情報公開について）
③　定員及び給与関係（委託化、事務事業のスクラップ、課の統廃合などで削減。この際掲げた民間委託を進める際の方針として、ア、市民サービスを低下させない、イ、長期的安定的に委託可能であること、ウ、コスト削減が確実に見込みうることの三原則は私の任期の間変わらぬ原則としてきた）
④　人材の育成・確保関係（政策形成能力の向上、管理職の登用制度の確立など）
⑤　補助金の整理合理化関係
⑥　経費の節減合理化等財政の健全化関係
⑦　会館等公共施設関係（統廃合、利用転換）
⑧　公共工事関係（コスト縮減）
⑨　事務事業の見直し
⑩　行政の情報化等行政サービスの向上関係
⑪　公正の確保と透明性の向上関係（情報公開とともに市民参加にも言及）
⑫　広域行政関係
以上の一二項目である。この方針の下に八六の実施事項、九八の対象事業を掲げた。

3次行革に盛り込まれた方針は、中長期的な行政改革全体から見ても、想定される課題がほぼここで出揃ったとみることができる。この期間中の成果については、3次行革の総括の中で指摘されたように、行政内部で行いうる事項については確実に実行することができたが、「市民をはじめとする利害関係者または既得権者が多い事業に関しては進捗度が低い」状態に留まった。しかし、こうしたことに初めて多治見市がチャレンジしたことの意味は大きかった。

たとえば、公共施設の統廃合、外郭団体の課題、民間委託、補助金見直し、使用料手数料の見直しなどがその例である。これらを計画通り実施しようとする際に生じる軋轢に対応するためには、職員に強い意思が必要であり、説明責任が求められる。また、緊張感を強いられることも度々である。それまでほとんどこうした類いの経験をしてこなかった職員たちの中には、初めから及び腰になったり、当事者との議論を避けてしまうといった傾向も見られた。部署によって、取組みに大きな差が出てしまう結果となった。

しかし、新築を機に市立保育園を民間委託しようとしたケースのように、激しい反対運動の中でも担当者をはじめ幹部職員も直接保護者などとの折衝に奔走し、解決したような例も生まれて来た。

3次行革ではまた、その策定作業から進行管理に至るまで（ＰＤＣＡ各段階で）市民委員会である「行政改革懇談会」に諮って進める方式を確立した。この懇談会の初代委員長は「組織機構、人材の育成・確保、財政の健全化（経費の節減を含む）ｅｔｃ、限りなく多くに取り組まなければならない問題が山積していることに、まず驚きだったが、歯に衣着せず何事も率直に提言することにより、どこまで実行の努力をして頂けるのか楽しみもあった。（中略）この間の委員の皆さまに忌憚のない意見をたくさん頂き、それに対して行政の方々に一生懸命に取り組んで頂いた成果は私が予想した以上に確実に表れて来ている。（以下略）」と3次行革の取り組みに対する感想を述べている。

また、職員定数の削減にも着手し、定員適正化計画の策定、管理職の削減（部・課の削減による減、出先機関の管理職ポストの削減、部次長職の原則廃止など）、技能労務職員の退職不補充、民間委託、臨時職員化などを行うことによって八五人（七・三％）の削減を成し遂げている。

これまで肥大化を続けて来た多治見市において、それに歯止めをかけるとともに、大幅な削減に向けての第一歩を踏み出したと評価することができる。この間にも、当初は想定されていなかったが、当然の帰結として課題となる一般職の削減にも手をつけなければならず、定員適正化計画に基づいて順次削減を図ることとした。

文化会館、産業文化センター、体育館、総合福祉センターなどの大型施設をはじめ、公民館、児童館・センターなどの施設の民間委託化は3次行革に先立って、大型の生涯学習施設「学習館」のオープンとともに始まった。この施設建設は私が戦った最初の市長選挙直前に起工された、いわば前市長の選挙に臨む「目玉」であった。学習館は旧社会教育センターの機能を引き継ぐとともに、市立図書館も併設された大型施設で、三〇名を超える職員が必要と考えられていた。直営で運営するとすれば、その職員を増員することとなり、ますます組織の肥大化は避けがたくなってくる。

私たちは当初から直営で運営することには否定的で（当時、図書館は直営で行わざるを得ないとされていた）、建設期間中運営方式を模索し、財団法人による運営を行うこととした。その担い手としての文化振興事業団を設立した。ほとんどすべての施設を直営で運営してきた（唯一の例外は市営駐車場の管理を委託していた）多治見市にとっては、財団法人の設立には不安があり、ことに将来に向けて自立して運営を行える力量を備えうるかどうかが課題であった。

当初は市職員の財団への派遣などしたものの、財団は着実に力を付けることとなった。一方、設立した財団に公民館、文化会館、産業文化センターなどの委託も行い、施設管理の面で急速に改革を行った。過渡的には市職員と財団職員の混在等が起こり、一時期ぎくしゃくした関係も発生したが、こうしたことも逐次解消されていった。順次、福祉施設等も民間委託した。

そうした折、公民館の委託化に反対する市民から「市長は公民館を委託することで、多治見の文化をだめにしてしまうのか」と詰め寄られる場面もあった。しかし、残念ながら事態は逆である。残念というのは、市職員がたまたま異動によって配置された公民館で、ただひたすら施設を管理しているだけという実態があり、無気力に地域住民や利用者との関係も作らず、新たな施策の展開もないといった状況にあり、無為に時間を過ごすというのがほとんどであったことである。

その後、委託化された公民館では、そのスタッフの力量によるところも大きいが、それぞれの館が独自にユニークな施策を展開し、地域スタッフや利用者なども参加して行う運営も定着し、地域の環境を一変させる活躍をしている館も出てきている。

社会教育センターや公民館が直営であった時代には、既存の団体に対して手を取り、足を取って「指導」することが社会教育といった観念が一般化していた。そうした行政への依存によってかろうじて団体が存続しているといったことも少なくなく、双方のよりかかりが生じていた。

そうした団体の自立こそが必要であったが、それがなされぬまま、委託化が団体の切り捨てにつながると考える人たちによって行政批判の方向へと傾いてしまい、それがまたその組織をだめにしていった。

蛇足ではあるが、かつて「社会教育」に携わった（かなり長期にわたって）職員に共通の市民観は「指導の対象」として市民をみることであり、市民の自立的、自発的活動を認めようとしないことである。この時代になっても「啓蒙主義」的発想にとらわれており、そうした職員が他のセクションに移っても、市民を見る目は変わらず、結果的に「お上意識」、「官尊民卑」の感覚から抜け出せず、市民を信用しないこととなる。従って、市民参加やNPOの活動の意義も理解できないことになってしまう。

3次行革の中には、政治的なメッセージというべき課題もいくつか掲げている。その一つは市民参加の制度化であり、情報公開の拡充であり、オンブズパーソン制度の導入であった。しかしながら、その中で議会の理解が得られず、条例案を否決されたのが、オンブズパーソンの制度化である。二〇〇一年九月議会に提出した条例案は、一対二六という圧倒的反対にあって否決された。

否決した理由として挙げられたのは①監査委員と役割が重複する②議員の活動と重なり、議員活動を阻害する③費用対効果の面で有効な施策ではないなどであった。この条例案の作成には市民委員会による慎重な条例案の組立てが行われたが、それが生かされることなく、今日までもいまだに日の目をみていない。

現実の問題として、市民からの行政に対する抗議や権利救済の申立ては数多くされている。しかし、それが行政側の考え方と齟齬を来せば、両者の意見は平行線のままといったケースが増えてきている。これらの解決のために、第三者機関がいわばレフリーとしてそれを判断して、必要であれば救済措置を勧告したり、是正措置を講ずるよう行政に求めたりすることが必要であると、行政側の人間でも考えるほど、さまざまな問題が発生しているのである。今後、こうしたことは増えることはあっても減ることはない。

改めて、後述する市政基本条例において、個別条例によって、この制度の確立を規定した。その基本条例はすでに可決されている。しかし、実施に必要な個別条例の成立は今後の課題である。

また、最近になってオンブズパーソンを議会に置くことができるよう（表現としては議会に付属機関の設置が可能となる）構造改革特区提案したが、総務省はそれを否定した。

3次行革は全体として九八項目からなる対象事業のうち、七九について改革を実現することができた。こうした着実な実行が行政改革を飛躍的に進めることとなり、その後の多治見市の行政運営の方向を決める上で、大きな役割を果たすことになった。常に行政内部を点検し、継続的に自らを変えることにチャレンジしていく行政へと転換することができたと評価している。

4　第4次行政改革大綱（二〇〇三年～二〇〇五年）

二〇〇二年度、実施期間を二〇〇三年度から二〇〇五年度までとする第4次行政改革大綱（4次行革）を策定した。3次行革の成果を踏まえ、さらに4次行革では「効率的な自治体経営をめざす取組みにとどまらず、シンプル、スピード、クオリティを目指し、行政運営の枠組みを転換する取組みと位置づける」とし、基本方針に「厳しい経済状況、国・県を通じた財政危機、地方分権の推進など社会経済の構造が大きく変化していく中、従来の行政運営に変革を求められていることをより認識し、行政運営の質的転換を図る必要があります」とし、「市政を取り巻く厳しい状況に鑑み、さらなる改革を進めるとともに、行政の活動領域を市民及び民間企業に開放し、個人・企業・NPOなど幅広い『市民』との協働により地域が活性化することをめざします」と述べている。

こうした基本方針を受け、以下のような基本目標を掲げた。

1　自治体基本条例の制定

職員数（全職員）

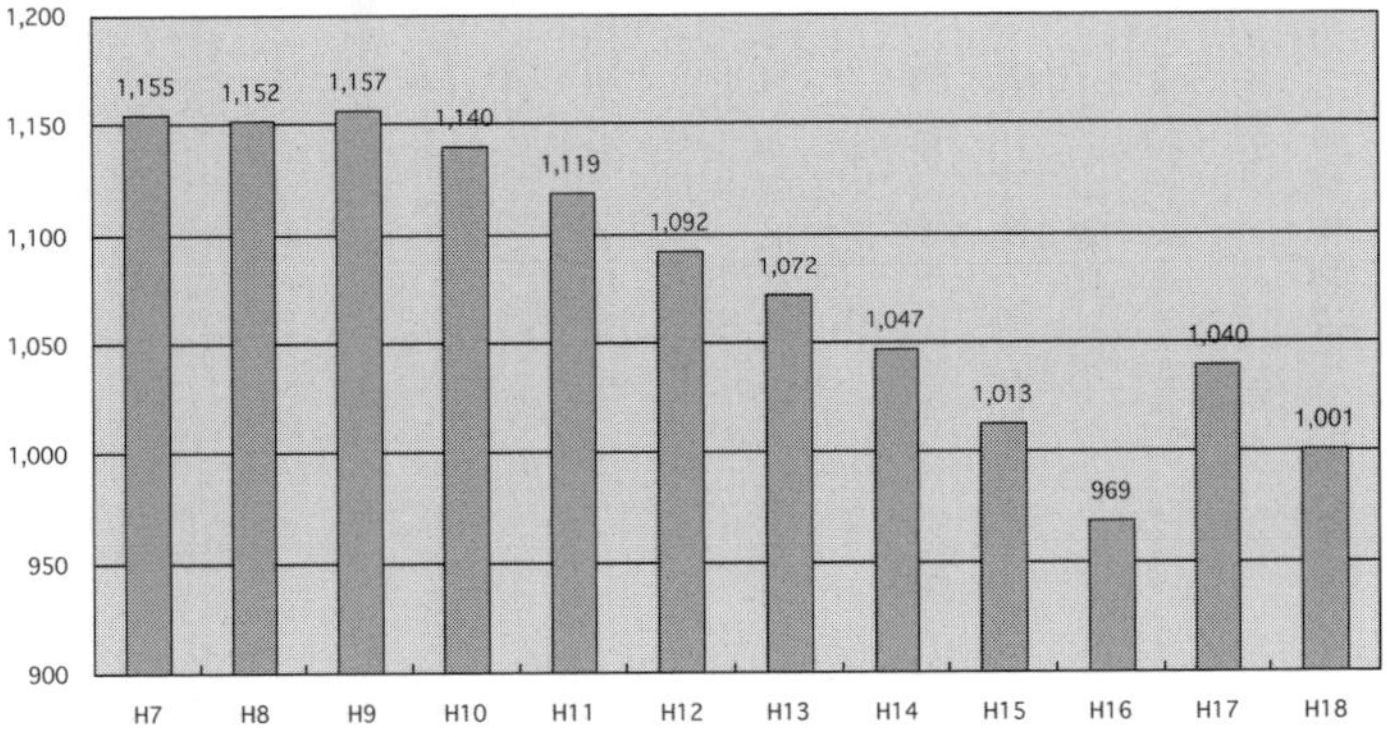

注：平成17年の数値が増加しているのは、2006年1月隣接する土岐郡笠原町と合併により、123名の職員を受け入れたためである。

2　職員定数　平成一七年度末までに一〇三八人（平成一〇年度比一〇・二%減）に削減（3次行革の目標値を継続）

3　経常収支比率　八三%以下を維持する

4　歳入金収納率　市税収納率現年度九八・二%以上、過年度分二三%、国保現年度九七%、過年度分一五%の確保

そして、実施項目推進方針として、①組織・定数・給与の改革として組織改革、定数・人材の適正配置、人件費構造の見直し、②財政改革として、財政管理手法の確立、歳入の確保、歳出の抑制、③事務事業の見直しとして、スクラップ、アウトソーシング、事務の効率化などを挙げている。

この方針に従い一〇八の実施項目を設定し（複数の課に跨るものがあるため進行管理する対象は二二二になる）、実施計画には実施項目ごとに担当課、関係課を記載し、スケジュール、指標が明記されている。この実施項目

ごとに容易に進行管理が可能であり、誰にも分かりやすい計画づくりをしているのは総合計画の進行管理や3次行革で学んだノウハウによる。

行政改革を進めるには、職員の意識改革が重要なことであることはいうまでもないが、3次行革において事業課における取組みにばらつきが生じ、ことに対応がきつい部分は避けて通る傾向がみられたことは前述した通りである。上から与えられたものとして行政改革があると考えれば、それを実施することは職員にとって苦痛以外の何物でもない。消極的な対応にとどまることなく、行政改革を進めるためには、職員の積極的な参加によって全庁的に不可欠な取組みであることを認識し、職員が自らの問題として捉えることが求められた。

そのため、4次行革の策定にあたっては「職員参加」を積極的に取り入れることとした。職員一人一提案を実施することとし、募集をしたところ、全職員一〇六三人中五三〇人から提案があり、件数は七八九件に上った。

この提案はすべて担当課に伝えられ、分科会を通して担当課と提案者とのやり取りを行い、分科会において採用するか否かを選別する方法をとった。「提案」が大綱策定に生かされ、重要な役割を果たしていることを職員に明らかにした。また、各課において予算細目単位で全事務事業をチェックして廃止、縮小を検討するとともに、人員削減の可能性等についても調査し、それに基づいて分科会においてとりまとめを行った。

なお、策定体制は行政改革推進本部（政策会議メンバー）、課長級の専門部会、その下に三つの分科会

（組織・定数・給与、財政改革、事務事業の見直し）で構成されていた。また、策定期間中情報の共有化のため職員向けの庁内誌を一四回発行している。

このような大綱づくりを行ってきたが、4次行革策定時には第5次総合計画後期計画（策定は二〇〇四年度）に掲げたような「自治体のダウンサイジング」、総合計画自体を行財政計画として機能させるといった問題意識は必ずしも鮮明になっていたとはいいがたい。

しかし、4次行革策定に合わせるように、予算編成時における財源不足が現実のものとなり始め、それに対する危機感を抱かざるを得ない状況となってきた。そのため実施段階に移る頃には、これまで行ってきた一つ一つ事業を減らしていくという量的な削減（リストラ）といった観点からだけでは、行政の課題を解決することが困難であるとの認識が生まれ始めていた。行政改革自体の取組みは当然一層重要な課題となってきていることはいうまでもないが、それに加え、行政のあり方そのものを根本的に考えなおす作業が不可欠という方向に転換していかなければならないことを、職員も意識せざるを得なかった。

事実、二〇〇三年度、二〇〇四年度予算編成過程で、概算要求の総額が収入見込みを大幅に超過するという事態に遭遇し、これまでの概算要求、枠配分、個別精査という流れで行われてきた予算編成では対応できない事態に立ち至り、抜本的な事務事業の見直しをせざるを得ない状況となった。二〇〇四年度予算は、財源調整などを行うことでなんとか編成することはできたが、このことは大きな課題を残すことになった。

二〇〇四年度は5次総後期計画策定の年でもあり、前述した時代背景や地域課題を組み込んだ計画策定作業が並行して行われていた。その中で忍び寄る「縮小時代」への対応を、4次行革の実施段階でも意識せざるを得ないものとなってきた。事務事業の見直しも、前年度遭遇した事態が慢性化することを前提に一層踏み込んだ作業とならざるを得なかった。

それに加え、総合計画に縮小傾向を明確にした「財政推計」を導入したことが大きな作用として働いた。ここで総合計画、行政改革、財政問題が一体的な課題として捉えられなければならないことがより鮮明な形で現れてきた。担当者（総合計画、行政改革はともに企画課が担当）からすれば、混然一体のしかも困難な課題にチャレンジすることとなった。すなわち、4次行革に挙げられた実施項目を超えて進めなければならない課題が、常に私たちの前に存在していることを意味している。

総合計画の項ですでに書き記したことであるが、総合計画への財政推計の導入により、総合計画そのものが行財政改革を具体的に推進するものとして機能し始めたのである。この総合計画策定時に行った事務事業の見直しは徹底していたことは前述の通りである。

「市がやって当り前」という意識は市民の中ではまだまだ根強いものがあり、こうした見直しに伴って起きるであろう事態にどう対応するかが大きな課題である。もちろん事務事業の見直しをしたことがどのような基準で行われたかを明らかにするとともに、役所の都合だけで恣意的にそれが行われているのではないかといった疑念を払拭することや（多治見市では「市民懇談会」に諮って決定することにしているのであるが）、情報自体を早い時期に提供したり、全市的な観点から判断して、該当の事業の位置（優先度）がどのようになっているかが理解されているような作業を行う必要があることはいうまでもない。いずれにしても、充分な時間をかけて実行することが必要である。

また、この4次行革の期間中、職員数の削減が進み、3次行革の基本目標としてあげた一二年間で一五％削減とした目標が六年前倒しで達成することができた。当初、現業職の不採用と退職者不補充によって進められてきた。しかし、多治見市は過去から直営で運営する幼稚園、保育園、廃棄物処理、学校給食、消防といった、その性質上職員の配置転換がしづらく、施設を直営で続けるとすれば退職者の補充をせざるを得ない職場を多く抱えてきた。この課題が積み残されたままである。

一方、事務事業の広域化という課題は就任後、再三チャレンジしてきたが、その度に失敗を繰り返し、ほとんど広域行政は有名無実の体であり、広域化による定数問題へのアプローチは困難な状況にあり、職員数の削減は期待できない。そうなってくると職員数の削減が現業職の削減のみで収まりきらないことになる。上記のことからみても、一般の事務職員にその影響が及ぶことは避けがたかった。

ほとんどすべての貸し館型の施設の民営化はすでに終えているが、それに加えて窓口事務の嘱託化、地区事務所からの正規職員の引き上げ、保育園の民間委託化などによって職員減をカバーする方策をとることになってくる。

また、センター方式で運営されてきた学校給食も、センター方式から単独校方式に切り替え、個々の学校の実情に合わせて委託化、ことに地域による管理へと切り替えていく方針で、新設校には単独調理場や、近接する学校どうしでの親子調理場を造る方向で進めてきた。

定数削減の結果、すでに二〇％（対九八年四月一日）を上回る職員が削減されてくると、従来のように人余り時代とは異なり、全般的に労働密度が高くなる一方、職場によってそれに偏りが生じることが起こってくるようになる。そのため人事担当者やそれぞれの部署の管理職の目配りが重要になってくる。かつては繁忙期に合わせて人員配置がされているとしか思えないような職場に慣れ親しんだ職員にとっては、自らにかかる負荷が仕事の量ばかりではなく、責任や政策形成といった「質」にまで及ぶようになる。このような職場環境の変化はルーチンワークをこなすことで済んでいた時代の職員を直撃する。その結果、五〇代の職員の勧奨退職、辞職が相次ぐようになってきており、職員数の減少は大きく予想を超えて進み始めてくる。

後に詳細については述べるが、5次行革大綱策定に伴って定数適正化計画の策定も行ったが、職員数の推移からみれば、目標として掲げた「一六％削減」をクリアすることは当然として、それ以上に減少することが予想されてきた。

それならば職員を採用すればよいということになるが、事態はそれほど単純ではない。多治見市の職員採用試験に応募してくる人たちは、隣接する愛知県のどこかの自治体の試験を受けていることが多く、両方の試験を受かれば、給与等、条件のよい愛知県の自治体を選ぶことが多い。自治体間で職員採用も競争状態にある。大都市周辺の自治体は、他の自治体との競争の中で職員を獲得していかなければならない。そのため優秀な合格者を逃してしまうことが頻繁に起こってくる。

また、採用者を増やせば、質が極端に落ちていくことは、かつて組織が肥大化していた時代に大量に採用してしまったという経験から明らかで、その影響は長期にわたって続くことになる。

このため、退職者を単純に補充するといった発想から脱却し、職員の年齢構成に偏りがあることを調整し、即戦力を求めるため、民間企業の経験者（他の官庁でもよい）を定期的に採用することを考え、実施に移すことにした。これからの行政のあり方を考えれば、ルーチンワークなどの仕事を正規職員が行うことは確実に減少していく。特に民間企業などの中で培ったスキルを生かして、自治体の仕事を行う職員が必要となってくる。専門的なノウハウを持った人材の採用は有効な方策である。従来のように若い職員を採用し、その職員が育つのを待つといったことに対応するゆとりは、今の自治体にはないといっても過言ではない。しかも、それも行政が本当に求めているような能力を持つようになるのか分からないことを考えれば、民間経験者の中途採用を実施せざるを得ない時代でもあるといえよう。

民間経験者の中途採用によって、財務、ＩＴ、まちづくりなど、自治体の抱えている重要な課題に対応できる人材の発掘に役立つはずである。いわば、目的をもった職員採用が可能となる。

また、一九九六年度決算で県下九九市町村中最悪に陥った経常収支比率は、期間中、ほぼ七〇％台を維持し、目標の八三％以下をクリアしている。しかし、今後を考えるとそれを維持することは楽観を許さない状況にある。全国平均がそうであるように、じりじりと経常収支比率が上がる傾向の中で、一層の努力が求められている。

一方、この時期に職員の給与に関する見直しが、地方公務員法の改正によって進むこととなったが、それに先立ち、多治見市は成績を給与（勤勉手当）に反映させることにとどまらず、「給料」に反映させる仕組みを考え、構造改革特区として提案した。その際、総務省はこの提案を拒否した。しかし、総務省はその直後、同趣旨の給料表の大改訂を行った。

多治見市がなぜ職員給与の見直しに関し、特区提案をしたかといえば、一部職員の中にいまだに「働いても働かなくても何も変わらぬ公務員」という実態があり、それを変えたかったからである。この時期、若手職員がこうした職場環境に嫌気がさして、民間会社に転職してしまうということも起きた。管理者側からすれば、この実態を変えなければならないと当然考えるのであるが、今では若い職員たちの中からも職場の雰囲気に異議申立てする動きが現実のものとなってきている。職場の中には働かない上司や指導力のない管理職に対して、常に不満がくすぶっていることも事実である。

4次行革策定時には恐らく「給料にまで成績を反映させるところまではいくらなんでも」と職員たちは考えていたに違いない（ようやく成績を勤勉手当に反映させる制度が定着したところであった）。しかし、行政を取り巻く変化は激しく、現実がそれを超えていってしまう例として記憶しておく必要がある。

なお、この期の基本目標のトップは自治体基本条例制定であったが、同条例は難航したものの市政基本条例として施行（二〇〇七年一月）することができた。総合計画と並んで行政の（あるいは市政の）質的転換を図るために大きな役割を果たす基本条例は制定できたものの、残された課題は基本条例に基づく個別条例が持ち越され、5次行革以降の宿題となった。

5　第5次行政改革大綱（二〇〇五年〜　）

私は、5次行革の基本方針を次のように述べている。

「第4次行政改革大綱により行ってきた行政改革の方向を継承していきます。『スピード、シンプル、クオリティ』を引き続き、実現することを追求していきます。人口減少、少子高齢化、財政縮小が顕在化する中、その必要性がますます高まる「持続可能な地域社会づくり」への挑戦を根底に置きながら、これからの行政のあり方を追求していかなければなりません。そのためには、今日的な行政の役割を検討し、職員定数の適正化や事務事業の見直し、廃止も含めた施設のあり方の見直しを進めるとともに、行政の仕事を市民セクターに開放することが求められてきます。

また、今日まで進めてきた行政の質的なレベルアップを一層進化させていくことが求められています。自治体基本条例案に掲げた諸制度の確立は公正で、民主的な市政を実現し、市民との信頼関係を築いていくために必要であることはいうまでもありません。また、行政の透明性を確保することが一層求められています。そのキーワードはアカウンタビリティ（説明責任）とコンプライアンス（法令遵守）だと考えます。これらは本来、当然実現していなければならないことにもかかわらず、これまで古い体質を引きずってきたため、その体質を変えていかなければ果たしていけないものです。行政手続条例、情報公開制度、市民参加などを通して、体質改善に取り組まなければなりません。また、財政上の諸情報の公開や予算編成過程や施策選択の透明性の確保を目指さなければなりません。地方分権はそれぞれの自治体にそれらを自らに果たしていくことを突きつけているともいえます。

総合計画による行政運営全体をコントロールするというシステムは行政の計画的な運営を可能にし、行政の肥大を防ぎ、恣意的な政策選択を排除する機能を果たしてきましたが、さらに施策の「選択と集中」が求められてきていることに注目しなければなりません。施策の目標を明確にするとともに、その評価も求められており、行政評価の手法の開発を急がなければなりません。ＰＤＣＡのサイクルを常に意識していくシステムの確立が必要になってきます。

ここまで述べてきたように行政改革は今日的要請にこたえるための重要なツールとして機能するものとして作り上げることが期待されています」。

このことからも分かるように、行政の体質を変えること、自律的な行政運営を行うためのツールとして5次行革がある。量としての行革から質の転換としての行革をめざしていかなければならない、という思いを強く持っていたのである。もちろん総合計画のあり方を変えたため、総合計画が量の問題の多くを受け止めたものになっていることはいうまでもない。

4次行革の期間中、総合計画後期計画の策定を行い、その後期計画の新たな展開により、総合計画自体が行財政改革計画として実質的に機能したことを受け、5次行革の関心はいわゆるリストラの課題から、市の抱えている事業の一つ一つの事業が本当に市で担わなければならないことかどうかを検証する方向へと変わってきた。

行政のあり方そのものが問われ始め、本当に行政しかできないこと、行政がやらなければならないことが何かを探る時代に入った、との認識に立って行政改革を行わなければならないと考えた。

これは、同時期に検討を行ってきた市場化テストの課題についても同様なことがいえる。市場化テストを行うことが、ただ単に行政の事務事業を市場の競争にさらすという意味だけにとどまらず、逆に「それでは市場化テストを行わない事務事業、あるいは行ってはならない仕事は何か。行政が自ら行わなければならない仕事とは何か」を行政は問われることになる。

私たちはこうした根源的な問いに答えなければならないこととなる。そのため5次行革策定にあたり、担い手をどうするかとの観点から事務事業の仕分け作業を行うこととし、以下のような五段階を設定した。その五段階とは

① 法令等で義務付けられているもの
② 引き続き市が行うもの
③ 今後五年間で市民や民間と協働で事業を行っていこう（協働を拡大していく）とするもの
④ 今後五年間で実施主体を市民や民間に移行しようとする仕事

⑤ 今後五年間で廃止しようとする仕事

の五つである。

①の事業の中には国・県との役割分担の中で市ではなく、国・県が行ったほうがよい仕事も含まれていると考えられるが、それは多治見市単独での見直しは不可能であり、別途協議検討しなければならない（ちなみに岐阜県下では県と市町村との協議の場を二〇〇六年に設置している（一七四頁参照））。

このように五段階の仕分け作業を通して、行政の担うべき仕事、そうでない仕事についての方向性を明らかにしていこうとしたものである。一方、この5次行革の後にくる課題として予想される行政の役割、市民の役割をどのように構築していくべきかを検討する市民委員会（市民と行政の役割分担検討会議）を立ち上げ、モデル的な事業を選定して、試行する方向で検討が進められている（この委員会の報告書は二〇〇七年八月に提出されている）。

これまでも述べて来たように、財政の逼迫に対応して、経費の削減、事務事業の見直しを行ってきたが、一つひとつ削っていく作業は極めて困難な作業であることはいうまでもない。また、その結果としてサービスの低下や職員に対する負荷が急増するなど問題点を突きつけられるようになり、「削る」ことの限界が見えてきてしまうようになった。そのため今、発想の転換を図ることが必要と考えるに至ったのである。

ゼロから行政そのもののあり方を考え、再構築することを迫られていると考えざるを得ない。この課題は、行政がそうした発想で市の機能を考え直す作業であるとともに、極めて政治的な課題でもあることを付け加えておきたい。

今こそ、これまでの自治体の歴史をたどり、時代、時代で行政がどのような役割を果たしてきたのかを点検することが求められる。高度成長経済の下に肥大化した自治体を成熟社会、縮小時代の自治体へと組み換えることが求められている。そうした時代に入ったことを市民も職員も認識しなければならない。それとともに、地域社会のあり方の変化にも目を向け、なにもかも行政が抱え込み、あるいは市民の側も行政に依存してきた歴史を見直す時期にきたと言わざるを得ない。

もちろん、かつては福祉や環境問題に見られたように、行政の施策の貧弱さを市民のさまざまな活動の結果として改善してきた経緯があり、そうした市民の要求に応えるものとして、今日の行政が形成されてきたことは否定できない側面である。また、それに応える財源の確保もなんとかできた時代でもあったが、その時代も終りをつげた。

今日、既得権を主張したり、要求を突き付け「市にやらせれば、それで解決」と考えている市民の意識の転換も大きな課題である。市をめぐる政治の構図がいまだに「要求型」の色彩を濃厚に残していることから、いかに脱却するかが問われている。

「基本方針」に基づき策定された5次行革は、実施項目の基本方針の冒頭に「行政の質の転換」を掲げている。その中で

①　市民自治の確立（市政基本条例の関連条例の制定）

②　財務体質の強化

③　持続可能な地域社会づくり
④　スリム化（業務改善）

の四つの領域を掲げ、その下に七三の個別事項の実施を求めている。

次に掲げたのは「施策・事業の縮減」である。これは前述の作業の結果を受けたものである。第三は「職員定数の適正化」であり、ここでは

①　合併によって生じる一時的な職員増の平準化
②　抜本的な事務事業の整理
③　民間委託等の推進によって適正化を進め、目標として二〇一五年までに一六・六％削減する

とした。

5次行革実施は二〇〇七年度からである。ここまで辿り着いた多治見市の「行政の改革」が、今後とも発展的に、継続的に行われていくことを期待している。

一二年間に4次にわたる行政改革大綱を策定し、継続して行政改革を行ってきた。まさに「立ち止まってはいられない」時代を歩んできたとの思いを強く抱かせる一二年であった。かつての役所の姿を思い出すこともできないほどに変わった。のんびりと仲間内でおしゃべりに興じながら、仕事をしている職場ではなくなった。横並びや年功序列の職場でもなくなった。基礎自治体の職員は常に衆目監視の中で仕事をしなければならない。説明責任を果たさなければならない。もちろんコンプライアンスは当然で

ある。

新たな政策を開発し、地域課題に対応しなければならない。さまざまな規律や規範も確立してきた。しかし、これらは役所内部の課題として取り組んできたが、それが目的であるわけではない。「市民が主権者」であり、その信託によって成り立っている組織であることを、常に意識して仕事を行わなければならない。その信託に応え得る力量と市民感覚を身につけていかなければならないことはいうまでもない。いまだに「はじめに役所ありき」と考えている職員が存在している現状を変えていかなければならない。

現状維持に甘んじることはいまや許されず、変えること、変わることを恐れず、進んでいかなければならない。市の持続可能性のために何をなさなければならないかを、常に考えながら進むことが必要である。そういう時代に突入していることを忘れることなく、役所を変えていくことが必要である。危機感を持ち続けることが求められている時代でもある。

6　県と市町村の役割分担検討会（二〇〇六年）

二〇〇六年一二月に、岐阜県・岐阜県市長会・岐阜県町村会が共同で県と市町村の役割分担を考える会議を設置することができた。設置された「県と市町村の役割分担検討会議」の特徴はあくまでも県と市町村が対等な立場で議論できる場とするため、座長は市長会長が務め、事務局も岐阜県市長会が引受け、市長会長市がバックアップをする体制をとったことである。

このような会議が設置できたことは、県と市町村の関係を変えていくことのチャンスであると考えている。しかも、規模の問題等で利害が必ずしも一致せず、決して一枚岩とはいえない市町村間でこうした協議を続けていけるかどうかは、県と市町村の関係を変えていく今後の試金石となる。

この会議の発足にあたって行った記者会見で、私は以下のように語った。

「今回、岐阜県・岐阜県市長会・岐阜県町村会が共同で「県と市町村の役割分担検討会議」を設置することとなりました。このような新たな歩みを岐阜県で開始できることは地方分権時代に相応しく、また画期的なことであると考えています。古田知事も是非議論を開始しようと大変意欲的ですし、岐阜県市長会での議論や、岐阜県町村会の正副会長との話し合いの中でも積極的な取組みを期待されていることを感じています。県と市町村が対等な立場に立って会議が開催されることは、地方分権の原則である「対等連携」の関係を体現するものとして大変意義あることであると考えています。

今日まで、「三位一体の改革」など活発に議論され、その中で「国と地方の関係の見直し」といわれてきましたが、その実態は「国と都道府県の関係の見直し」という色彩が強く、国から県への権限、財源の移譲に終始したきらいがあり、市町村側からみれば、議論の中に市町村が視野に入っていたのかどうかという印象を受けております。県と市町村との関係については、いまだ手付かずと考えるのは私だけではないと思います。「地方分権改革推進法」が制定され、地方分権も新たな段階に入ろうとしている時期に、市町村にとって県との関係をどうするのかは、国と県の関係と同様、重要な課題といわなければなりません。

岐阜県下の多くの市町村において「人口減少、少子高齢化、財政縮小」の時代を迎え、各自治体がこれまで行ってきた事務事業を根本的に見直し、「本当に行政が行う必要のある、あるいは行わなければならない事務事業は何か」を問わざるを得ない時代に入っています。市民との関係や職員の雇用形態の多様化などを含め、「行政のあり方」そのものが問われる時代となり、いわば「自治体のダウンサイジング」が求められる時代に突入していると考えています。

そういう作業の中で、もっとも市民生活に近いところにある基礎自治体の市町村が行うべき事業、また広域自治体である県が行うことが適当、国が行うことが相応しい事業といった「仕分け」も当然行わざるを得ない時期に来ていると思います。

かつていくつかの自治体で行った「仕分け作業」の資料がありますが、その中で三市（新潟市、三浦市、多治見市）の全事務事業をチェックしていますが、本来県がすべきと判断されたものが事業費ベースで多治見市四・九％、三浦市では八％、中核市の新潟市で一％となっています。もちろん県から市町村に権限委譲、財源配分、人員の配分といったことが重要な課題であることはいうまでもありませんが、事務事業そのものの再配分ということを考えることも必要であり、いわゆる「補完性の原則」に基づいて全体を見直すことが求められています。

県の行政改革、スリム化という過程で一方的に市町村に業務を移すということになってしまえば、市町村としては受け入れがたいといわざるを得ません。そうしたことを避けるためにも、この検討会議を通して検討された観点から、県と市町村の関係を構築した上で、権限移譲、財源移譲等を進めていただくことを私たちは期待しております。そのためにも作業を速やかに、かつ精力的に進め、一定の結論を得、県と市町村の関係についてルール化されていくことが求められていると考えております。

いずれにしても、県、市町村が対等な関係の中で抜本的な検討を始めることができたことは、岐阜県政のターニングポイントとして高く評価されるものとなると考えております。この検討会議が目的を達成し、新たな県と市町村の関係構築に貢献できるよう努力していきたいと考えております。」

この会議は私の任期終了までに二回開催され、二回目の会議において市町村によって県に対するスタンスの違いや地方分権に対する意識の違い等はあったものの、一方的な県からの権限委譲（既存の事務事業の権限を移すという発想ではなく）という事態を避け、あくまでも基礎自治体から出発する「補完性の原理」に基づいた検討を行うこと、また、権限移譲と財源の移譲を同時に行なう方向で進めることを確認した。以後の検討に期待したい。

Ⅴ章　人事制度改革

——職員をどう変えるか

1　首長としてなすべきこと

市政の停滞

首長は二つの役割を持っている。一つは政治家としてのそれであり、今一つは行政の長としての役割である。それに対応して長の果たすべきことがある。そのどちらにも意を用いていかなければならないことは、いうまでもない。それは外部に向けた顔と内部に向けた顔の二つを持っていると言い換えてもいい。当然、発言もこの両面で行わなければならないこととなる。

ことに改革が求められている時、その意思は外部に向けて語られるとともに、行政内部に対しても、改革を進める意思を明確に語られなければならない。外部に向けて語ることは、当然、その自治体の力量に裏づけられた発言でなければならないが、それによって職員たちのさまざまな取組みを評価し、鼓舞することになる。また、それによってさらに一層力量を高める作用をすることにもなるのである。

今日の情報化時代には、なおさら情報の発信は自治体にとっても首長にとっても、大切なことである。それによって、職員たちの意気が上がるのであれば、なおさらである。そのためには、最先端の取組みにチャレンジしていることが不可欠である。そうした斬新な発想や制度を全国のどこにいても知ることのできる時代である。また、それを多くの人が求めていることでもある。

しかし、外部にだけ顔が向いていて、マスコミなどを利用したパフォーマンスに頼れば、職員たちはそれを文字通りのパフォーマンスと考え、「あなたは外に向けていろいろ言っていて下さい。私たちは私たちで適当に仕事をやっていきますから」となる。こうしたことは行政内部を本当に変える力にはならないのである。首長が変われば、何事もなかったように元の黙阿弥になりかねない。

外に向けて発信しない首長も、市民からすれば行政が何を行っているか分からず、結果的に市政から市民を遠ざけてしまうことになる。これまでみてきたように、これからの市政は決して行政内部だけで完結するものではあり得ないし、行政と議会の独占物ではない。市民との関係を構築しなければ、何事も始まらない時代でもある。そのためには常に新鮮な情報を市民に提供し続けなければならないのである。その役割は首長に与えられている。

私はこうした役割を意識しながら、仕事を進めてきたと考えている。

私や市民が感じていた「市の停滞」を打ち破るためには、何よりもまず職員の意識を変えることが不可欠であった。しかし、「停滞」を打ち破ることは一朝一夕で成し遂げられるようなものではない。決して諦めることなく、忍耐強く発言し続けることが必要であった。

「お役所仕事」にどっぷりと浸かった職員たちを見ていると、意欲を持って市役所に就職しても、時とともにその雰囲気に馴染んで、その意欲は薄れていってしまう職員も多いと思わずにはいられなかった。こうした職員をどうしたら変えられるか、これが課題であった。

しかも、職員たちの多くは変化を好まない。何かを変更すると必ず反対の声が聞こえてくる。行ってしまえば、すぐにあたりまえになってしまうことでさえ、変えることを嫌う。制服を廃止するといったことにさえ、反対という声が出てくるのである。あるいは、ボランティアで清掃活動をしようと呼びかけても、そうである。役所の中で「変えることを恐れない」というスローガンを掲げなければならないほどであった。

ましてや、職場環境を変えたり、組織機構の変更を行うこととなれば、さらに大きな抵抗が待っている。二つの部を統合したり、課を再編するといった際には、必ず性格の異なる二つのことを一緒にはできないといった反対意見が出てくる。しかし、これなども実際に実行してみれば、何事もなかったように機能していくのである。

首長はこうした職員の体質を変えていくために、常に語りかけ続けなければならないのである。それはどちらかが倒れるまで闘い続けるといった様相を呈してくるのである。まさに格闘である。それでも忍耐を持って、語り続けなければならない。根負けすれば、決して役所は変わっていかないのである。

そのためには首長のスタンスが常に一貫していなければならない。明確な方針、方向性を示し、それに基づいて進む姿を見せなければ、職員はついてこないのである。

最初の二年間、ほとんど動かなくみえた役所の中でも、私は職員たちに「行政を変える！」ことを叫び続けていたのである。特に幹部職員とのギャップは大きく、まさに敵陣の中に落下傘で降下したという状態であった。

しかし、その役所も動く時がきた。そのきっかけとなったのは、「財政緊急事態宣言」を発して、それまで経験のない、補助金のカットや福利厚生費の縮減など経費削減に手を付けたことと、今一つは組織改革の中で三部五課の削減を行ったことである。こうしたことを実行することには、大変な労力と気力とが必要である。それでも最初の方針通り、改革を実施した。こうした改革への方向性がはっきりしたことが、役所が動き始める契機となった。

ひょっとすると自分たちの方へ取り込めるかもしれない、あるいは何もできない、やらない首長かもしれない、そのお手並み拝見であったのかもしれない。特に現にいる部長のポストを廃止し、部長をスタッフである「参与」に変えることには激しい抵抗があったが、これも乗り切ったのである。

こうした厳しい対応の中で、私の目指す方向にわずかづつではあれ、動き始めたことを定着させ、さらに加速させることが必要であった。二期目の市長選挙のスローガンは「『たゆまぬ改革』を市民と共に進め、『生活の質を高めるまちづくり』に全力をあげる」としたが、ようやく芽を出し始めた改革を進め、二期目にはそれを発展させていかなければ、との思いを強く抱いていたのである。

それというのも、動き始めるまでの二年間、職員たちに訴えかけることを続けてはいたものの、余りに変化のスピードの遅いことに焦りさえ感じていたのである。ようやく回転し始めたことに安堵したことを記憶している。

ただ、動き始めたといっても、それは端緒に過ぎず、職員たちの意識を変えるためには、さまざまな仕掛けを作る必要があった。当然、行政において人材をどう育成していくが課題となってくる。

そのため、多治見市では人材をいかに育てていくかの方針を「多治見市人材育成基本方針」（人材戦略）（二〇〇〇年）としてまとめ発表した。総合計画―行政改革―人材育成方針を関連させ、「行政の改革」を進めるための戦略としてこの「方針」が位置づけられた。時代の変化や動き出した改革を継続的に行っていくことが求められる中で、必要な人材を育成することを目的としたものである。これは多治見市の「三位一体改革」と呼ばれてきた。

多治見市における人材育成の取組みについては、二〇〇五年度第2次方針策定作業と併せて行われた龍谷大学と多治見市職員との共同研究の成果をまとめた「財政縮小時代の人材戦略　多治見モデル」（大矢野修編著、公人の友社二〇〇八年）に詳しい（この中で職員たちの執筆した文が掲載されているので、参照されたい）。

「方針」に基づく取組みは着実に進められてきたが、私が職員の意識を変えるために行ってきたことは、目的は同じでもやや発想が異なる。政策づくりや情報発信、人的交流などを通して、まさに実践の現場で気づかせることを狙った仕掛けづくりを職員に対して行ってきたのである。

私が意識して職員たちに奨めたことを挙げれば、

1　先進的な政策づくりの環境を作り、それを職員たちに行わせることによって、力量をつけさせる。そのことが仕事に対する意欲を掻き立てることに通じ、政策の幅を広げる
2　私の考えたアイディアを常に新しい刺激を与え続けるため、職員に提案して、政策化させる
3　市長が抑圧的にならず、市長の前でも、また誰でも自由闊達に議論ができる場を作り、年齢、職場上の地位にかかわらず、発言できる雰囲気を作る
4　職員たちが、他の自治体や集会などで求められる講師の依頼や原稿の依頼に対して積極的に応じるようにする
5　他の自治体の職員たちとの交流を大切にする
6　研修の講師たちと積極的に語ることのできる場を設定し、学ぶ場とする
7　本の出版にチャレンジさせる
8　記者クラブ等に、日常的に積極的な情報発信を行う
9　広報紙に課の情報を出す時には、担当者を明記する

などである。その主なものについては、後に詳しく述べる。

また、経験則として「三年言い続ければ、事態は変わる」と私はいってきた。これは逆にいえば、「三年も言い続けなければ、事態は変わらない」ことを意味する。職員の体質を変えることは、それほど難しいのである。横断的な行政の取組みができないといったことを変えさせるのにも、既成概念にとらわれている職員たちに新しい発想を理解させるのにも、それだけの根気と努力が必要であるということで

ある。しかも、職員たちの発想の根拠が国のマニュアルであったりすると、一層困難になるのである。
そうした停滞の状況をようやく脱出し、職員の意識も変わり始めた二〇〇一年に次のような文章を雑誌に書いた。

「九五年の市長選挙のスローガンは『多治見を変える』でした。市民の行政の停滞に対する不満・不安は極に達していると判断したからです。任期毎に造られるソフトなき『箱もの』、次第に悪化する市財政、市職員に漂う無力感、無気力。そういうものを払拭することが市政の最重要課題だと感じていました。

しかし、当選後なにを訴えても職員は動こうとしません。変えるには、当り前のことで自然なことでも抵抗は強く、ましてや政策に関わることでは、文字通り頑強な抵抗にあいました。『市民参加』を実施しようというとき、「市長が市民参加なんていうから、市民がいいたい放題のことをいってくる」と真顔で私にいう職員がいたり、市民参加手法を勘違いして、行政の主体性を放棄して自らなにも判断しないということも起こりました。バリアフリーのように全庁的に取り組まなければ進まない事業も「そんなの福祉課の仕事」と他の部署は何も取り組まない。そんなことが二年ほど続きました。

こうした職員の意識が変化し始めたのは、平成九年度の予算編成時「財政緊急事態宣言」をださざるをえない財政状況に陥っていることが明らかになった時からです。（中略）

行革大綱に基づき、次々に機構改革による部課の削減、グループ制の導入、定数削減、管理職登用試験の実施、事務事業評価制度導入、経費の徹底的な削減、補助金の見直しとカット、福利厚生費の削減、施設管理の委託化、希望降格制度導入などを進め、役所の雰囲気は一変しました。

また「情報公開制度」を作ったことも大きな効果でした。多治見市情報公開条例は市民の「知る権利」と市民の市政参加を保障するため、情報の共有化をめざし、積極的に情報開示することを前文に謳いました。今日では文書の公開だけでなく、審議会、委員会は当然公開、各種委員会に公募の委員というのも当り前になりました。それ以上の成果は職員が情報公開を積極的に捉え、ものを考えるようになったことです。市の「人材育成基本方針」には職員に必要な資質として「変えることを恐れない」という項目を付け加えました。今、「三年頑張れば、状況は変えられる」と明るくたくましくなった職員を前に考えています。」（『地方自治職員研修』第三四巻No.1）

職員の多くは「蛸壺」の中に閉じこもっていて、他の部署の仕事のことなど知ろうともしない。ましてや、手を出したりすることはしない。こうしたことに憤りを感じたり、市民に対してちょっとした配慮や親切があれば、こんなトラブルは発生しなかったのにといったことが頻々と起きる。なぜ、それができないのか情けなくもなる。

役所のカウンターの中に座っていて、決して市民の中に入っていかない職員たちも多くいた。たとえば、商店街の活性化対策といっても、現場へ出向くわけでもなく、補助金の交付申請を受けるためにカウンターの中にいるのである。現場を知らないでまちづくりができるはずもない。「まちへ出よ」と喝を入れてもなかなか動かない。

こうしたことも次第に変化を見せるようになっていった。恐らく市民参加の定着化によって、職員たちが市民と接触し、交流する機会が増え、あるいは現場で共に作業をすることを通して、そのおもしろさ、楽しさを知る機会を持つことができるようになったからである。

役所の中にいると、市民からのクレームが連続して起きるような時がある。市民と日常的に付き合っていない職員たちは、市民が目の前に現れると身構えてしまったり、警戒したりすることも多い。そうなると市民との間はますますぎくしゃくしたものになってくる。現場に出ていけば、こうしたところに埋没していては見えないことが見えてくる。デスクワークだけでは経験できないことが現場では起きる。市民との関係も当然変化してくるのである。

一旦、職場が動き始めるとそれは自ら回転するようになる。沈滞が嘘のように変わり始める。それは確かなことである。しかし、決して首長は気を抜いていいということにはならない。レベルの高くなったセクションでも、人事異動などが繰り返されるうちに、築き上げてきたものを失くしていってしまうからである。あの課は大丈夫、と思っていてもいつの間にかそのポテンシャルが下がってしまうのである。

そうしたことが起こることのないよう、気を配っていなければならない。折に触れ、機会をとらえて、叱咤激励することも忘れてはならないのである。

放っておいても、組織が常に高い水準を維持できると考えるのは楽観的すぎるのである。もちろん人材の問題もあれば、管理職の資質の問題も大きい。まだまだ、組織も人の問題といわざるを得ないケースが多いのである。

最終的な目標は「だれが首長になっても、水準の高い仕事をする役所であり続ける」ことであるといってきたが、そこへたどりつくのは至難の業である。

首長が手を抜けば、新たな政策開発は当然のこと、政策形成能力も低下してしまう。その意味で、常に緊張感を持って、役所を見ていなければならない。また、市民や議員の声に耳を傾けなければならないのである。

多治見市は政策情報ともいうべき情報を常に出し続けてきた。もちろんその多くは新聞の地域版ページに載るレベルのものが多く、県版に回るものがたくさんある訳ではない。しかし、多治見市の取組みを細大漏らさず、記者クラブへ流し続けてきた。地域版の大部分が多治見市関連の記事といったことも起きた。

他の自治体の職員から、「多治見は新聞の利用の仕方がうまいからなあ」と言われたこともあるが、常に新しい政策づくりや試みにチャレンジしていなければ、記事を出し続けることは不可能である。職員たちの自信がなければ、情報は流せない。

しかし、これも最初からそうであったわけではない。記者たちを警戒し、いい情報も一向に記者クラブに流さないため、各部から職員を集め、情報の扱い方について、指示しなければならない場面まであった。その場でも内向きな職員たちは積極的な姿勢を示さなかったが、これも徐々に情報を的確に流すようになっていったのである。

調査報告書のようなものを作成しても、政策会議に提出するだけで、記者クラブには渡さないといったこともあり、「こんな興味深いものができたのだから、出しなさい」と声を掛けなければならないことも起きる。会議の終了時に「これはちゃんと記者クラブへ出すんだね」と念を押す作業も私の大切な仕事の一つであった。このように習慣づけを行わなければ、事態はなかなか変わらないのである。

行政を内部から変えるというのは、指示をすれば変わるものではない。頭ごなしに命令すれば変わるものでもない。これまで見てきたようにいつも注意深く役所の中を観察することが必要であり、粘り強く、しかも一貫性を保ちながら、職員と接することである。

この一見まどろっこしいとも見える仕方で私は通してきた。私自身決して気の長い方ではない。むしろ短気のほうであるが、行政内部を変えるのはこうした長期戦に臨む覚悟がいる。もちろん、政策会議の場で激しいやり取りをしたり、「もうこれで行く！」と議論を打ち切って方針を貫徹するような場面は少なからずあった。限界を超えれば、激しい口調で叱ることもあったが、それは原則ともいえることを踏み外したり、仕事をしないことに屁理屈を付けて抗弁したりといった場合である。

これが通用したのも、職員たちの体質が変わり、そして庁内のシステムが確立されてきたからに他ならない。根幹のところのシステムを機能させることに注意を払えば、他のところは動くようになる。総合計画を核とするシステムを多治見市は構築したが、その総合計画そのものが揺らぐようなことは決してさせないことであった。

いずれにしても、改革を進めることは首長の姿勢そのものといっていいほど、そのイニシアティブが問われるのであり、首長がそれから逃げてしまえば、職員は改革に取り組むことはない。改革を断行したら、首長が妥協してしまったとなれば、職員は敵陣に取り残された将兵のように討ち死にすることになる。その職員だけが悪者になってしまうのである。

ましてや、財政縮小段階に入った自治体において、改革を進めることは、まさに首長の存在と密接不可分のものといわなければならないのである。

環境課が「化けた」

この情報化時代、斬新な試みはすぐに注目される。意欲的な取組みはさまざまな回路を通して、全国に広まっていく。その一例を紹介したい。他の章で紹介した環境課の廃棄物行政についての試みはその後の多治見市の環境行政の意欲的な施策展開の先駆けとなったのであるが、それも「循環型社会システム構想」を創るところから始まっている。それに留まらず、環境課の行った様々なチャレンジによって、役所内で環境課が「化けた」といわれるようになった。その出発が一九九八年度、環境庁の補助を受けて行われた「構想」の策定であった。

もともと環境課はとても暗いイメージの課であった。それというのも、多治見市には大型の廃棄物最終処分場が二つもあり、その一方は名古屋市の一般廃棄物処分場、もう一方は民間の産業廃棄物処分場である。それにもかかわらず、多治見市の処分場は管理型のものがなく、名古屋市の処分場に依存していた。

市独自の廃棄物政策にめぼしいものがないばかりか、二つの処分場を巡る様々なトラブルに、長い間悩まされ続けて来た。明るい展望を職員は持てないままでいたのである。その多治見市で「脱焼却、脱埋立」をめざす「循環型社会システム構想」を策定し、それに基づいて二三品目の分別収集を開始した。その分別収集の開始に当たって、市内各所で担当者たちは数多くの説明会を行い、実施の際には市役所の全職員の半数近くが三ヶ月間、市内に四六〇箇所ある、ごみステーションに早朝、分別の指導のために立った。このことは環境政策、ことにごみ問題に市を挙げて取り組む姿勢を示すことにもなった。また、並行的に検討していた環境基本条例、環境基本計画と矢継ぎ早に新たな方向を示したのである。

そこでもたらされたのは他市の議員、職員の視察の増加であり、市の職員に講演、講師、原稿の依頼が舞い込むといったことである。それを契機に職員たちは、自らエコオフィスの計画や環境施策を市民と取り組むといった新機軸を打ち出し、見違えるように元気な課へと変わった。「あの課が」と他の課の職員たちが驚くような変身を遂げたのである。

同じようなことは保健センターでも起こった。保健センターの「健康づくり計画」の策定とその実施の過程で、保健センターの職員たちが活き活きと活動を始めた。学会での発表、専門誌への寄稿など意欲的な取組みができるようになったのも、突然もたらされた「健康づくり計画」策定の話を市として受けたことから始まっている。

しかも、「タジミ・スタディ」として国際的にも評価されている、緑内症学会の疫学調査を四〇歳以上の市民にまで拡大して、一万五千人もの受診者を引き受け、半年以上にわたって休日返上で検診会場の設営や補助スタッフの仕事、受診者に対する働きかけなど献身的に働き、疫学調査を成功させるという快挙を遂げたのも同じ時期のことである。

このように仕掛けによって職場環境が一変するような大きな動きが起こってくることを経験的に学んだ。また、注目を浴びることで行政のレベルを落とせないことになってくる。

職員が原稿を発表することを嫌がる首長や上司がいるという話をよく聞く。私は原稿執筆の依頼などにわざわざ起案書を起こすことなど不要で、個人名で出せばいいといってきた。必要であれば、カッコ書きで自分の職名を付け加えておけばよいこととした。文責は個人でとればいいのである。講師料なども休暇中であれば、個人の収入とすればよいこととした。積極的に引き受けることを奨励した。対外的に職員が活動することはどのような研修にも勝る経験であり、人のネットワークを作るためにも、必要不可欠なことであると考えてきた。他自治体などの職員との交流などを通して学ぶことも、極めて大切なことである。

職員研修のために講師を招く際には、市民や議員にも参加を呼びかけ、近隣の自治体職員にも声を掛けて講演会を実施した。また、講師との懇親会を積極的に設け、対話する機会を設定することによって多くを学ぶ機会とした。こうしたことを契機に様々なネットワークが出来上がっていけばよいと考えたのであり、受身の研修では意識を変えていくことは困難であると考えたからである。

こうしたさまざまなことを積み重ねることによって、職員の意識は確実に変ってきたのである。一二年経ってみると、そこには私を支えてくれる職員たちがいた。さまざまな局面で力を発揮し、創意工夫や新たなことに挑戦しようとする意欲をもった職員の活躍抜きに今日の多治見市を語ることはできない。職員たちもまた一歩一歩歩むことで、改革の道を切り拓いてきた。

市長である私が方向性を示さなければならない場面で、それを示せば、その方向へ進み、実現し変えていく職員たちがいたのである。次第に私が新たな政策形成について簡単な指示を伝えれば、それをすぐに制度化していく力量をもった職員が幾人も育ってきた。あるいは自ら企画、実行し、「市長、こんなことを企画していますので、当日挨拶にだけ来てください」と声をかけてくる職員がいるようになった。あるいは自ら地域に出かけ、地域の人たちと直談判をし、ともに考えながら、まちづくりに取り組む職員も出てくるようになった。その道程は容易ではなかったが、確実に職員は変ってきたのである。

今日の自治体において、職員の果たす役割の大きさはいうまでもないことである。一二年間の市長在任中、もっとも変わったことの一つに「自治体の職員像」があるといっても過言ではない。

①現在の自治体、多治見市のおかれている状況にどれほどの危機感を抱いているか
②市民との関係が変わっていく中で、その役割についての自覚があるのかどうか
③年功序列、横並び、働いても働かなくても変わらない、目的意識を持っても持たなくても互いに許しあってきた家族的な身内意識をどう考えているのか
④まちへ出ることなく、カウンターの中に閉じこもっていることで市民生活、地域経済など地域の課題を見つけることができるのか
⑤官尊民卑の意識から脱皮できているのか

⑥ 知的好奇心を持ち続け、新しい社会の動きに敏感に反応できるかどうか

といったことをリトマス試験紙として考えなければならない。

一方、職員の意識を変えるためには、人事制度改革を継続的に行っていくことも不可欠である。就任時の多治見市は組織の肥大が著しく、あらゆる仕事が直営で運営され、施設ができる度に多数の職員を充ててきた。しかも、ある年齢以上の職員の中で非管理職の職員を見つけることが難しい（ただし、男性についてだけのことであるが）ほど、管理職数は増加しており、人に合わせてポジションを作ると揶揄されても仕方のない状況であった。

年功序列、横並びの人事が行われ、ほとんど力量に関わりなく、管理職に登用される。管理職が市議会の委員会で答弁もできず、しどろもどろといった場面も頻繁に起こっていた。課長補佐が課長に代わって答弁するといったことも、あたりまえのように行われていた。部下の力量がはるかに上で部下がまったく当てにしない管理職が幾人もいたのである。

こうした状況にメスを入れる必要を強く感じ、後述のような人事制度の改革を行う動機となった。こうした問題とともにそれまで職員を減らすことなく、肥大化させ続けてきた状況を変えていくことも大きな課題となった。当時、多治見市の職員数は「職員一人当たり市民九〇人」のレベルとなっていたが、これを「職員一人当たり一二〇人」のレベルにしようとする第3次行政改革大綱の目標を設定し、対九八年で二〇一〇年までに一五％削減する計画を立てたことはすでに述べた。その後も引き続き行革の目標として掲げ、努力した結果、目標をはるかに凌ぐ削減を成し遂げた。

2　目標管理制度の採用

一九九八年から勤務評定制度を立ち上げたが、その運用にあたってどのように客観性を確保していくかが課題となった。主観的な判断や人の好悪によってしか人を見ることができない上司がいる。横並びの体質にある職場では押し並べて、高めに採点する。差をつけたくないといった傾向がどうしても生まれて来てしまう。本当の能力や努力をどう評価するかは常に追求し続けなければならない課題であった。

評価方法を少しでも改善していくための制度設計が必要となってきた。そうした中、「目標管理制度」を採用しようという動きが起きてきた。その導入時には経営コンサルタントに委託して、制度設計を行った。当初、丸投げに近い形で出されたため、コンサルタントの提示した方式が自治体の実態に合わないこと、目標設定自体が無理に作り上げた不自然なものでとても使い物にならないといった批判が出てきたため、コンサルタントへの委託取り止め、独自に役所内でのシステム構築を行うこととした。

勤務評定制度であるが故に、慎重な取り扱いが必要との認識から試行を重ね、導入は二〇〇一年四月からである。実績を重視する多治見市の取組みの独自性がこのとき確立されることになった。何よりもこの制度の特徴は総合計画実行計画に挙げられた事業の実施を各部署の組織目標の中心に位置づけることであった。総合計画は多治見市の理念を掲げたものであり、その実現がもっとも重要な課題であると考えたからである。ちょうどその時期に総合計画によって行政をコントロールするシステムを作り上げ、人事においても総合計画とリンクさせることが求められていたからでもある。こうした観点にたって構築することによって「目標管理制度」は多治見市独自の制度として、立ち上げることができたのである。

この目標管理制度の特徴を担当者は

①「組織目標」と「個人目標」をリンクさせた総合マネージメントシステム
②「実績」を重視した人事考課
③評定結果を点数化し、処遇に反映
④チャレンジ精神を評価する「加点主義」
⑤「面接重視」のマネージメント
⑥「公開」が原則

の六点を指摘している。

これを動かし、各部課の作業を容易にするため、毎年度四月、企画課が「部課別施策体系及び懸案事項」（**図表8**）（通常、政策マトリックスと呼ばれている）を作成し、各部課に配布される。それに基づいてそ

図表８　政策マトリックス

マトリックス

☆市長ヒアリング ★市長ヒアリング（H17） □18年度予算指示事項	★補助金の見直し ■定員適正化方針	○情報公開 ＊一般質問 ◆合併協定項目	➢ＩＳＯ環境管理システム	備　考
☆研修のための旅費などはできるだけ減額せず、研修機会を多く設ける。 ☆人員の配置や労働密度については、人事秘書課で把握し、是正に努める。人事の庁内分権を早期に行う。 ☆窓口業務のNPO等への委託の検討を行う。（関連課：企画課　市民情報課　市民課） ★市民参加の人材育成委員会について検討結果を実施する。 ★職員の創作活動や発明などにより発生する知的財産所有権について調査・研究する。 ★職員研修を実施し、職員のワークショップなどにおけるコーディネート能力を強化する。	■現在の定員適正化計画の進行管理 ■組織機構の見直し後、新定員適正化計画の策定に着手（H18.10を目標に策定）	○人材育成基本方針 ○定員適正化計画 ○市長交際費、職員定数と募集、昇格試験、人事異動、給与、目標管理制度、特派員情報、公益法人等派遣制度 ○特定事業主行動計画 ◆職員定員適正化計画の策定	➢職員研修事業	
☆新規政策を確実に推進する。 ☆政策評価については、評価方法について調査研究を進める。 ☆名古屋の大学との連携を検討する。瀬戸市の事例を調査研究する。 ☆公共施設については、機能維持だけでなく、転用も検討する。 ☆ソフトピア多治見ブランチで何をすべきかは、多治見市で主体的に考え、ソフトピアに提案していく。 ☆CDCの活用について検討する。これまで基盤整備したものを生かした情報化を進める ★防災情報を伝達するのに有効なシステムを研究 ★サテライト大学はテレビ会議システムに代わるパソコンによる双方向授業（e-ラーニング）の検討 ★指定管理者の評価の方法について検討 ★地域自治組織について、関連課と連携して検討 □ 防災無線の存続について、新市の一体化事業として、合併補助金を財源として進めること。平成18年度中に無線の更新について設置箇所と併せて計画を策定し、総合計画に記載して進めること。方針の変更について、庁議に諮ること。		○自治体基本条例の検討状況 ○第５次総合計画 ○第4次行政改革大綱（総括）、第5次行政改革大綱 ○情報化計画 ○市町村合併、東濃研究学園都市構想、ＧＩＳ、防災情報（防災マニュアル、地域防災情報マップ等）、災害ボランティア、事務事業評価、生活環境指標、行政機構（見直し含む）、各種統計・調査結果、ＩＴ政策、たじみＩＴタウンカード、核融合科学研究所に関する情報、構造改革特区、指定管理者制度への対応 ＊証明書の自動交付機の更新・利用促進検討(合併後システムの更新について検討) ＊ＣＩＯの補佐官制度の実施について ◆防災無線の運用統合		

企画部施策

課名	●５次総	◇第5次行政改革 ✖削減計画 ↪指定管理(所管施設の運営状況のチェック、評価)
人事秘書課	●政策形成研修、ファシリテーター養成研修の実施(A) ●研修事業の見直し(A) ●部長の人事権に関するルールの定着化(A) ●目標管理研修（フォロー研修）の実施(A) ●採用条件の継続的見直し(A) ●国派遣の見直し(B) ●接遇マニュアルに基づく適正な運用(B) ●新たな昇給制度における勤務成績の判定方法の検討(A) ●合併後の定員適正化計画の策定(A) ●職員の適正配分のため時間外勤務実態調査(A)	◇合併後の定員適正化計画の策定
企画課	●FRP分譲A区画の活用方針の検討(A) ●災害時の情報提供・手段の検討（防災無線の活用）(A) ●防災メルマガの発行（月2回）及び普及（A) ●防災マップ及び市民向け防災マニュアル、国民保護計画の策定(B) ●リモートセンシング・カメラの増設（大原川）（B) ●職員向け防災訓練の実施・職員向けマニュアルの作成・改訂、消防本部での訓練実施(A) ●防災協定の拡大(B) ●サテライト講座の開講(A) ●生活環境指標作成準備(A) ●他の自治体との連携事業の検討(B) ●情報化計画の推進・進行管理（実施状況調査）(A) ●ICカードの利用促進(検討委員会の実施)(A) ●CDC事業の充実(情報化計画に基づく利用促進策)(B) ●ソフトピアジャパン・多治見ブランチの有効活用(A) ●電子申請届出システムの構築の検討(A) ●公共施設予約システムの構築の検討(A) ●県域統合型GISの導入(B) ●政策の進行管理のルール化・規定化(A) ●予算枠配分方法の決定(A) ●政策評価の調査研究（庁内委員会の立上)(A) ●総合計画進行管理(A) ●個別計画のあり方・進行管理の検討及び体系化（総計との関連について整理）(A) ●５次行革大綱の策定(A) ●職員証カード有効期限満了による見直し(B) ●（仮）自治体基本条例の再提出(A) ●（仮）オンブズパーソン条例の見直し再提出 ●（仮）公益通報条例の見直し、再提出 ●特区・地域再生制度の有効活用(A) ●新組織機構の検証(A) ●施設転用・活用検討とりまとめ(A) ●削減計画見直し(A) ●管理委託制度による委託の廃止（H１８．９）、指定管理者制度実施管理、指定満了施設(京町児童館)の方針決定支援(A) ●業務手順書（マニュアル）の作成方法検討(A)	◇5次行革大綱の策定

れぞれの部課は組織目標の設定を行う。この政策マトリックスには各部課の総合計画の課題、行政改革大綱の実施項目、市長指示、議会での議論、ISO14001の実施事項などが記載されており、その年度行うべき施策の一覧となっている。

この政策マトリックスを睨みながら、それぞれの部課では管理職による組織目標の設定と、上司が部下と面接して個人目標を決定していく。それを組織目標管理シート（管理職の個人目標シートと兼ねている）（図表9）として提出する。この際、もっとも重要なこととしてチェックされるのは総合計画に載せられたそれぞれの課の事務事業が組織目標中に位置付けられているかどうかである。

その後、四月中にその年度の組織目標を確定するため、政策会議メンバー全員が出席して、組織目標調整会議を開催し、チェックを行う。このチェックの中でも、政策マトリックスの各項目の内容がチェックされ、ここでも総合計画の事業が位置付けられているかどうかが厳しく点検される。そして、それぞれ掲げられた目標の難易度を全庁的な視点から判断し、決定する。これが評定の際の資料とされる。

ここで確定された部の組織目標は、毎年度市の広報紙に部長の目標として公表することにしている。

毎年度九月、翌二月には半期、一年の実績を見ながら、組織目標の達成度の確認を行い、五段階の評定が行われる。通年の実績については政策会議メンバー全員で達成度、五段階の評定について調整を行う。この会議の結果を受けて、個人の評定も確定される。

このようにして個人の勤務評定を行ってきたが、この成績を当初、勤勉手当へ反映させることとした。

図表９　組織目標管理シート

別記第１号様式

目標設定：平成１８年　４月　１日
評　　価：平成１９年　３月３１日

戎18年度組織目標兼管理職個人目標管理シー

組織名称	都市計画部　農と緑と公園の課
補職名・氏名	課長　柳生芳憲

組織目標兼管理職個人目標				達成度
	標題	実施する業務の内容	成果（評定時に記入）	
目標1	公園の整備、管理体制づくりを図る 新規公園の基本方針、公園の維持管理等市民参加による策定、管理を進める。	<公園の新規計画づくり> １．南坂上公園の整備に伴う基本方針の策定 ・地域住民の参加によるワークショップの開催 ・地下水調査を実施し、対応策の検討 ２．脇の島マレットゴルフ場の基本計画の策定 ・地域住民の参加によるワークショップの開催（施設管理を地元対応でできるように働きかける。） ３．多治見運動公園を適正に管理し、公共施設剪定木のりサイクルを進める。 ４．生田遊砂工の整備に伴う多目的広場の有効活用を図るための遊歩道を整備する。	<公園の新規計画づくり> 1.整備にあたり住民の参加によるワークショップ要綱を作成（11月）。メンバーを地元区長（4名）、近隣中・高校生（6名）、公募者（6名：広報誌掲載2月末決定予定）として、3月に第1回目の会議を開催。また前年度実施した地下水調査の結果を踏まえ、地下水の利用を検討しながらワークショップを進行。2.マレットゴルフ場整備に係るワークショップ設置要綱を作成（8月）。庁内幹部、地元議員及び地元区長と調整を行いながら委員を選出し、2月に第1回会議を開催（3回予定）。これに基づき基本構想、基本計画を策定。また次年度からの整備（予算確保等）及び整備後の管理方法について関係課と調整して方針案を作成、木曜会議に諮り方針を決定。3.庁内関係部署に剪定木のチップ化を周知し、公園以外の市道、学校等の剪定木を大量に運動公園に集積し、12月にチップ処理。これを緑化推進事業、公園の維持管理以外の街路、学校等にも活用して剪定木のリサイクル化を促進・確立。4.遊砂工とひだまり広場の有効利用を図るための遊歩道整備にあたり国交省と協議しながら調整し、遊歩道は幅2m、距離約200mで施行（3月完成予定）。	3
目標2	風の道構想に基づく緑化の推進 希少植物等の保護に努めるとともに、民有地、公共用地等の緑化を推進する。	<民有地、公共用地の緑化の推進> １．緑の基本計画に基づく民有地の緑化を推進する。樹木の購入助成等の推進と「ごーや」緑化事業。 ２．公共用地、施設、道路軸での緑被率３０％目標。緑被率２０％未満の施設等で市民参加による緑化事業を推進する。 ３．風の道の軸整備（南ＢＰポケット、笠原地区沿道） ４．緑のボリュームアップ（市内小・中４校、児童遊園、歩道等） <希少植物等の保護>(笠原地区) １．希少植物の保護、保存樹、保護地区の調査と指定 <日常業務の推進> １．予算の執行等財務事務、文書管理の円滑化 ２．市民情報の提供等ホームページの作成、更新	<民有地、公共用地の緑化の推進> 1.民有地緑化助成制度の周知を11月（秋から春の植栽適期）に広報紙にて実施。ゴーヤによる緑化事業を養正地区の小学校、幼稚園及び公民館活動に参加する市民を対象に実施（6・7月、約3千ポット配布）、その後アンケート調査を実施（9月）して事業を総括（概ね好評）。ホームページや風景づくりアド会議、開発指導委員会等の機会をとらえて民有地緑化の周知、普及。2.下記の風の道の軸（2箇所）、緑のボリュームアップ（6箇所）により緑被率を20%以上に推進。3.笠原歴史公園（6月）、平和町248号BPポケット（3月）の緑化を市民と協働して実施。4.旭ヶ丘地内歩道（2月）、北陵中、滝呂小、多治見中、笠原中、赤坂町児童遊園（3月）の緑化を市民と協働して実施。小・中学校は生徒による植栽を実施。 <希少植物等の保護>(笠原地区) 1.笠原地区の貴重樹・希少植物等の基礎調査・検討、資料を作成。これをもとに保存樹選定委員会を3月（予定）に開催し、保存樹等の指定の検討を行う。また小名田町（東濃用水）、東町（都市間連絡道路）に係るのシデコブシ他の生息調査を実施。	3
目標3	公園、緑地等の適正な管理、管理体制の充実 公園、緑地の有効活用の推進と管理体制の充実を図る。	<公園、緑地の管理体制づくり> １．喜多緑地等新規公園の有効活用、管理体制の構築 ２．生活環境保全林「潮見公園」の管理体制の充実を図る <既設の公園、児童遊園等管理体制の充実> １．指定管理者制度における公園の管理の充実 ２．公園、児童遊園、緑地の維持管理の充実（遊具、樹木等） ３．市民参加による公園愛護会の拡充 ４．児童遊園台帳の見直し、作成 <日常業務の推進> １．公園の占用等事務処理、迅速な苦情処理体制づくり	<公園、緑地の管理体制づくり> 1.有効活用、管理体制を確立ための管理活用検討会の要綱を策定（10月）、委員を選任して3月中に第1回検討会を開催し、今後の有効活用、管理体制を検討。今年度の管理は「ＮＰＯ法人鎮守の森」による委託で実施。当初は土日のみ管理棟に常駐、平日は開閉のみでスタートしたが、その後協議を行い12月から土日以外も管理棟2人常駐するような管理体制を確立。また土岐川観察館の行事誘致、お届けセミナーでの利用等により施設利用の向上を図る。2.19年4月に潮見公園を円滑に移管するため、広域組合と連携をして準備を行うとともにＨＰを刷新してＰＲを図る。 <既設の公園、児童遊園等管理体制の充実> 1.指定管理者制度移行の5園を指定管理者と常に連携しながら適正な施設の維持管理を実施。10月に指定管理者の中間検査を実施し、これに基づき指導。2.8月に施設の総点検を実施し、その結果に基づき箇所（都市公園41、児童遊園61）の整備を行い、またパトロールや情報提供により危険箇所の対処、苦情処理等を迅速に行い安全で適正な維持管理を実施。また施設内の照明時間縮減・節電型照明灯への変更等、水圧の調整・節水型蛇口への変更等節水を検討して光熱水費を節減（約260万円）。3.愛護会につては、都市公園で笠原地区17園、児童遊園で廿原町の2園を設立して市民と協働による管理体制を推進。4.台帳作成準備のため、児童遊園126園の樹木、遊具等の現況調査を実施し、略図を作成。	2
目標4	水田が持つ多面的な機能の増進とふるさとクリーン村構想の推進 減農薬、無農薬による環境にやさしい農産物の生産支援と耕作放棄地の有効活用を進める。	<水田が持つ多面的機能の増進> １．耕作放棄地を復元し景観形成作物作付け事業の推進 ２．地域水田農業ビジョンの推進 ３．農薬安全使用の普及啓発（関係団体の会合等でＰＲ）を進める。 ４．東濃西部水田農業推進協議会の円滑な運営 ５．農業共済事業の円滑な運営 <ぎふふるさとクリーン村構想、地産地消の推進> １．ふるさとクリーン村推進協議会の運営。 ２．堆肥化センターの堆肥利用検討会の開催と有効活用 ３．ぎふクリーン農業の推進を図り、クリーン農産物の安全性、地産地消のＰＲを進める。 ４．農業集落組織の育成と運営の支援 ５．市民農園の増設と運営支援 <農業委員会事務の充実> １．農業委員会の円滑な運営	<水田が持つ多面的機能の増進> 1.8月に耕作放棄地に現況調査を実施し、これに基づき本年度の作付けを決定。2.19年度から開始される『品目横断的経営安定対策』ほか国の米政策改革の説明会を通してビジョンを示す。3.水田が持つ多面的機能の維持、推進を図るための新制度である『農地・水・環境保全向上対策』導入に向けての説明会を実施（8、12月）。併せて農業集落組織の育成、農薬安全使用の啓発を進め、地区の受け入れ体制づくりを行う。4.総会、幹事会（4、1月）を通して事務の円滑化を図る。また7月に米数量生産調整現況確認を確実に実施。5.負担金の算出方法について事務局に問題提起・協議を行い、幹事会を通して算出方法の変更を行う。その結果、次年度負担金を前年度比較で1千万円弱減少。 <ぎふふるさとクリーン村、地産地消の推進> 1.県と協議しながら事業計画を策定し、パンフレット等でＰＲ。2.廿原ええのお等関係者と協議してクリーン村における野菜等の肥料として実証実験を実施。また16年度中から災害により休止の北小木実証圃の復旧を行う。3.農産物直売所や農業祭等のイベントを通して農産物の販売・ＰＲにより安全安心・地産地消を推進。また農産物直売所の2周年イベントを11月協力して実施。4.『農地・水・環境保全向上対策』の説明会により、農業集落組織の育成、農薬安全使用の啓発を進め、地区の受け入れ体制づくりを行う。5.市民農園の貸付台帳を精査するとともに、ＪＡ、園芸畜産振興会と協議しながら市民農園増設・運営を支援。 <農業委員会事務の充実> １．農業委員会総会の円滑な運営のための事務処理を行う。	3
目標5	市民参加による森林の有効活用、花づくりの推進 地域市民の参加を促し、森林の保全、活用、花づくり等を推進する。	<森林の保全と有効活用> １．保健保安林機能を持つ高根山、深山の森、潮見公園、滝呂緑地の利活用の推進 ２．国土交通省が提案する「土岐川グリーンベルト構想」事業を引続き推進、主管課と連携を図るとともに新規運動公園、虎渓公園の整備を進める。 ３．地球村、喜多緑地等、市民参加による間伐等の体験を実施し、里山や森林保全の啓発を推進する。 ４．森林病害虫の防除等、森林、緑地の適正な管理を推進する。 <市民参加による花づくりの推進> １．地域市民による花づくりを進めるとともに緑化、花飾り団体の育成を図る。	<森林の保全と有効活用> 1.施設の安全確認等を重点として管理を行うとともに利用向上のため、ＨＰの更新によりＰＲ。また施設の一体管理、指定管理者制度導入も視野に入れながら今後の管理方針検討をし、9月に政策法務委員会に諮る。（結果として直営管理）2.国交省及び庁内担当課と協議しながら各森への原材料支給、技術を支援。市之倉の森部会に対してはチェンソーの操作講習会を実施。新規団体を2団体設立。多治見桜再生協議会の「虎渓山の森」（4月設立）では虎渓公園の除伐を11月に実施。多治見中学校付近の山林を中学生及び近隣市民を中心に「三ツ池の森」を設立し、3月に活動を開始（1月に植生調査実施）。3.地球村において間伐等の体験（9/16）、『里山林整備ボランティア育成講座』（第5回目：県主催）を担当し、喜多緑地において除伐等を実施（1/21）する等、里山や森林保全の啓発を行う。4.パトロールや情報提供により危険木の処理を迅速に行い等、森林、緑地の適正な管理を行い、倒木による事故を防止。 <市民参加による花づくりの推進> 1.笠原地区の新規加入の町内会をはじめ約１００団体に花苗の支援、春秋のグリーンフラワー大作戦、花づくりコンクール等を実施し、市民参加による花づくりの推進。花苗の支援では、前年度並みの予算総額で1団体の限度額を半減（1万円）、また県道沿いの場所は県と協議をして県の材料支援を受けることより、より多くの植栽を実施。	2

＊他の部課との連携のあり方
緑地の推進：都市政策課、道路河川課、環境課　　公園の整備：道路河川課、環境課
公園の維持管理：環境課　　クリーン村構想：環境課
森林の保全：建設総務課、総務課、地球村

こうした成績による処遇を行う際に、職員たちの間に不公平感や不公正であるといったことが問題となれば、制度は壊れかねない。そのため評価は慎重に、より客観性を持たせ、公正さを確保しなければならない。制度を充実させるため、制度を改変する際には必ず試行を行い、一段階づつアップさせることに腐心してきた。また、具体的な処遇に反映する際には、一層細心の注意が必要であった。

多治見市の目標管理制度の基本は、総合計画の実施を人事の面から保証していくことにある。その点で目標ははっきりしている。また、人事評価における客観性の確保も最大限に図られている。単に評価する側と評価される側の二者による評価だけではなく、施策そのものの達成度は政策会議メンバー全員からチェックを受けることになり、その達成度が評価の基礎になるからである。

反面、総合計画に拘束され、職員の自主性、自発性を殺いでいるといった批判が議会でされたが、私たちは当初から減点主義をとってきたわけではなく、加点主義的な制度を作ろうと意図してきたこともあり、優れた仕事を行った職員や直接総合計画とは結びつかなくても、多治見市政に貢献したと評価される職員などに対して、加点する制度へと変えてきた。めざましい活躍をした職員は当然高い評価を受けることになる。

この制度の運用においては、制度を固定化するのではなく、批判を批判として受け入れ、柔軟に対応することに努めて来た。勤務評定については職員組合を中心に抵抗感が強く、実施に際してその客観性の確保に努めるとともに、不合理な点を実情に合わせて、制度自体の見直しを継続的に行ってきた。

成績を様々な処遇に反映させる制度を構築してきたことからも、職員に不公平感が発生することのないよう、充分配慮すべきであると考えてきた。部下からの上司に対する評定の制度もその一つである。

さらにこの制度を利用して「成績による降格制度」を作り、実施している。三ヵ年の成績が一定の水準に達していない者に対して、イエローカードともいうべき「要指導職員」として上司による指導の強化を行う。六ヵ月後、なお「要指導職員」であるものについては昇給延伸の措置を行う。六ケ月後に改善が見られない場合、降格する旨を通告する。さらに六ヵ月後、それでも成績不良であれば、降格とするというものである。改善が見られれば、措置を解除することとしている（この降格のほか、二〇〇〇年度から希望降格制度も採用してきた）。

この評定はその他、地方公務員法改正による給料表の見直し（二〇〇六年度）による昇給についても適用されている。

ちなみに給料（給与ではなく）に成績を反映させる制度を構造改革特区提案したことは既に紹介したが、その際、この提案を拒否した総務省が示した理由について長くはなるが引用する。

「地方公務員の給料表は、国に準ずることが地方公務員法の基本的な考え方であるが、その給料表を通じ、職務の複雑、困難、責任の度合等を考慮し、それに応じて職務の級や号給を定めることによって職務給の原則を具体化されることとなるもの。

また、地方公務員は労働基本権の制約を受けているなかで、その給与は地方公務員法第24条第3項により生計費を考慮して定めなければならないものとされており、地方公務員の給与は上記の職務給の原則の他に生活給的要素をも含んで定めなければならないもの。

　これらを踏まえ、給料については給料表として条例で定めた上で、勤務評定の結果を反映させる方法として特別昇給や勤勉手当への反映により給与を増額する方法があり、一連の給与体系として組み立てられているもの。したがって、勤務評定の結果を給与に反映させていくこととしてもそこには自ずから限界があるものと考えられる。したがって、現行制度における特別昇給や勤勉手当への反映による給与の増額や、成績の良くない者に対する昇給延伸措置や条例に定める降給を行うこと以上にどのような給料表や給与体系を念頭においているかは不明であるが、仮に上記の給与原則に反する給与体系であれば任命権者の裁量権を逸脱し、違法と評価せざるを得ないものとなると考えられるところ。」

と述べられている。

この回答をした直後、総務省は成績によって昇給に格差を付ける法律改正を行ったのである。

3　管理職登用試験と総括主査昇任試験の実施

人に合わせてポストを作るといえるほど、横並び昇格が行われ、その資質も問われることもなく管理職が作られてきたことは先に触れた。しかし、組織機構の再編が三部五課（部は純減、課は新たに立ち上げた課もあり、その差し引きの結果である）の削減から出発したことからも分かるように管理職の数、ポストも常に見直し、削減することに努力してきた。そのためポストの減少によって、管理職への昇格も厳しさを増すようになってくる。

多治見市程度の規模の都市では日常の仕事振りをみれば、日常、業務において接触することの多い課長補佐レベルの職員の力量は幹部職員にはほぼ分かっている。たとえば三役（市長、助役、収入役）で評価をすれば、その評価についてほとんど三人の意見は変わらない。しかしである。私たちがその評価のまま管理職を決定すれば、えこ贔屓していると取られかねず、不満が鬱積していくことになる。

また、内部のメンバーだけで管理職に登用するかどうかを決定することにも問題がある。長い間役所に勤めて来た職員たちにはなかなか年功序列の意識から抜け出られない。そのため、この年功序列の意識を打ち破り、力量のある職員を管理職に抜擢する方策を考えることが必要になってくる。客観的に選考する方法を考えざるを得なくなるのである。

そこで実施しているのが管理職登用試験である。副主幹（課長補佐級）の経験二年以上を受験資格とし、試験では外部の有識者に依頼して、小論文、面接の試験を実施し、さらに勤務評定の成績を加味することとした。また教育長を含めた四役での最終の判定会議を行ってきたが、その評価もほとんど試験や勤務評定の成績と一致する。

この試験では、意欲ある若い職員が成績優秀であることが多く、その結果、四〇代前半で管理職になる職員が登場するようになり、職場において部下と管理職の年齢逆転が当り前のように起きる。若い管理職が登場することによって、年功序列の構造は崩れていく。この試験制度を導入した直後には、職場に気まずい雰囲気も生まれたが、それも年を重ねるごとにあたりまえのこととなった。なお、登用された管理職には一年間を通じて研修を行い、管理職としての力量のアップを図っている。

しかし、ここで浮かび上がってきた問題は若い職員の中に、早い時期から管理職を希望しないものが多く出てきていることである。それは試験を突破する能力がないというのでもなく、生き方として管理職を拒否するといった明確な意識があるわけでもなく、管理職になっても、非管理職であっても大きな給与の差が出ない現在の給与体系も作用していると思われるが、責任を負わなければならないポストには就きたくないという極めて消極的な理由で希望しないという状況が現れてきている。

通常でいう係長級昇任試験（多治見市では総括主査、業務主任を指す）についても、かつてのようにだれでも昇任させるといったことは困難な状況になっていることから実施することとなった。級別職員構成において上位のクラスに職員が偏ることが許される時代ではなくなってきており、級別定数を定め、それに基づいて職員の構成を管理せざるを得なくなっている、そのためほぼ全員が係長となった時代とは異なる対応をせざるを得なくなり、昇任のための試験の実施となった。

4　部長へ一部人事権を移譲

これまで、職員の異動や人員配置については、人事担当課が幹部職員と相談の上、決定してきた。管理職ポストや時々で重要な役割を担わなければならないポストについては、市長、助役と人事担当者の間で検討し、決定する。しかし、現場の実務者については、実態を幹部たちも把握しきれず、人事担当者の判断によって配置されることが多かった。もちろん、職務上問題が発生している部署については十分配慮し、職員についても適材を配置して、問題解決や問題の発生を抑えるといった工夫もしてきていた。

しかし、職員の定数の削減が進み、グループ制とはいえ、一つの仕事は一人が単独で担うといったことが増えてくる。和気藹藹とおしゃべりしながら仕事をするといった「お役所風景」は昔のことである。あるいは、全員揃って作業をするといった光景も姿を消した。課の中で仕事がオーバーフローしてしまったり、滞ってしまうことも多くなる。超過勤務が慢性的に多くなってしまう部署も出てくる。

その一方でほとんど超過勤務もなく、定時に退庁する職場もある。それぞれの部署での労働密度に大きな差が生じてしまうことになる。それを平準化しなければならないということは長年私たちの頭を悩ませた。しかし、その実態が人事担当者でも掴みきれない状況になっていたのである。ましてや、幹部職員には分らない。

こうした職場環境の変化に対処しなければ、職員間の不満は大きくなっていくことは当然である。そこで私たちがとった方法はより現場に近いところで、それを調整するという方法であった。すなわち、各部の状況を知る部長に裁量権を与えることで、事業の実施を的確に行うため実情にあった人材の配置やその年度の仕事量に見合う人数の配置を行うことができるようにしたのである。現場がより大きな権限と責任を負うことは、ますます必要性を増し、避けて通れないとの認識から、予算編成権とともに部長にその権限を移譲したものである。

部長にはこうした権限の移譲を行うことによって、それぞれの現場の責任者として、一つひとつの課の状況を把握し、その実情にあった職場環境を作っていくことが求められる。それは政策面でも、実務の上からも、人の問題でも部内を掌握し、適正な運営がなされなければならず、部長の力量が問われてくるのである。

具体的には毎年一二月に定数に関するヒアリング、一月には人事ヒアリングと二回のヒアリングを行い、それに基づいて作成された人事異動原案を各部長に示すが、それを受けた部長は部内の状況に基づいて、職員の配置先を決める権限を持っている。

人事について、「人事（課）が悪いから、こんな状態になってしまった」とはいえないことになる。部長自らが個々の職員の動きも見ていなければならなくなる。日頃からそれぞれの課長との意思の疎通を図り、部内の情報を的確に把握していなければならない。人事担当者との折衝の「武器」はいかに内情を的確につかんでいるかである。職員の能力や問題点をつかんでおく必要もある。仕事が今どういう局面にあるかの把握も必要である。

庁内の分権化はこのように、部を単位に行われ、部長の権限とともに責務も大きくなった。

Ⅵ章　市政基本条例

——自立・自律した地方政府の集大成として

1　難産の末に成立

多治見市が二〇〇七年一月施行した市政基本条例は次のような前文で始まる。

「私たちは、基本的人権が尊重され、平和のうちに安心して心豊かに暮らせるまちをめざします。

私たちは、まちづくりの主体として、一人ひとりが自由な意思でまちづくりにかかわるとともに、まちづくりの一部を信託するため、市民自治の主権に基づき、市民生活とその基盤である地域社会にもっとも身近な地域政府として多治見市を設置します。

市は、市民の信託に基づき政策を定め、市政を運営しなければなりません。また、その保有する情報を市民と共有し、市民が市政に参加するための制度を整え、まちづくりを担う多様な主体と連携協力しなければなりません。

私たち市民は、地域政府としての多治見市の成立が市民の信託に基づくものであることを明らかにし、市政の基本的な原則と制度やその運用の指針や市民と市の役割を定める多治見市の最高規範として、ここにこの条例を制定します。」

多治見市の市政基本条例が議会で可決され、成立したのは二〇〇六年九月二七日のことである。議会へ提出してから一年、条例案の検討に入ってからは実に四年が経過していた。当初、行政側が二〇〇五年九月議会に提出した「自治体基本条例」は二回の議会において継続審査とされ、遂には翌年三月議会において審議未了廃案とされるに至った。しかし、私はその議会閉会後の挨拶（非公式な）で基本条例の必要性を踏まえ、議会の審議過程で問題となった課題について検討の上、基本条例を再提出することを宣言した。

その年の七月、第5次行政改革大綱策定指針の中で、私は

「今日まで進めてきた行政の質的なレベルアップを一層進化していくことが求められています。自治体基本条例案に掲げた諸制度の確立は公正で、民主的な市政を実現し、市民との信頼関係を築いていくために必要であることはいうまでもありません。」

と記し、議会の廃案という審議結果にも関わらず、自治体基本条例に掲げた精神を市政の根幹に据えることを強調した。

地方分権の時代を迎え、これまでにも増して、それぞれの自治体は市民にとって、もっとも身近な政府として地域の課題に取り組み、自らの責任において政策化し、実行しなければならなくなった。その

役割を果たすためには、自治体が自立するとともに、自律的な自治体であることが不可欠な条件となってくる。

地方政府としての機能の充実、地域課題に対応した政策形成能力や政策を展開するための組織力、職員の資質向上などが問われることとなる。それとともに、何よりも市民との信頼関係を築くことが必要であり、その新たな関係構築のために情報共有を前提とした市民参加の充実を図る一方、地域民主主義の確立の方策を一層求めることが必要となってきた。高い規範性もまた自治体に求められることとなった。

このような状況から地方政府の最高規範としての自治体基本条例＝「まちの憲法」の必要性が浮かび上がってくる。かつての統治機構としての機能に慣れ親しんだ自治体職員たち、あるいは市民の中に潜んでいる「お上意識」を払拭し、根底から意識を変えていかなければ、自治体は地方政府としての働きを果たすことはできない。そのため、私たちはまず原点ともいうべき「主権者は市民である」ことの確認から出発しなければならないと考えた（この時期に再確認が求められている状況は不幸なことといわなければならないが）。

多治見市が公式に基本条例制定への取組みを掲げたのは、第4次行政改革大綱（二〇〇三年度）においてである。その中で、自治体基本条例の策定を基本目標の一つとして位置づけ、市民、議員、職員の自主的な参加の中で、基本条例の基本的な考え方を確立していくことになる。

一方では、私はそれまでもこの条例については「作文として条例案を作ることは簡単だが、この条例の必要性をみんなに理解してもらうためには時間が必要だ。慌てて条例案を作ることはない」と指示してきた。

条例の重みを考えれば、当然十分な時間と多くの人の議論が必要であると考えたのである。この条例について、私たちはただ単に理念型の条例を制定することに留まることなく、市政運営において実効性を発揮することのできる条例を作り上げることを共通認識として、作業に入ることとなった。その過程については後に述べる。

自治体基本条例の審議未了廃案の後、改めて二〇〇六年九月議会に「市政基本条例」と条例名を変更して基本条例を提出し、全会一致で可決成立をみた。この間、自治体基本条例、市政基本条例の審議を通じて議会において、かつてない多くの議論が展開されることとなり、本会議、委員会の会議録も膨大なものとなっている。そのこと自体、この条例の重要性の証左でもある。

しかし、一方でそれは一二年間の市長在任中の、議会と私の関係を表しているのである。その関係は波乱に満ちたものであり、決して議案を出せば通るといった関係にあったわけではない。常に緊張感に満ちたものであったことが、議論に一層拍車をかけることとなった（議会のあり方としては当り前のことであるが）。

しかし、そのことが、私や職員のみならず議員にとっても、ひいては多治見市政にとっても決してマイナスではなく、自治体をめぐる本質的な議論を深めることとなった。ことに、日常当り前に使用している言葉、あるいは仲間内では当然と認識されている概念について質問を受けるといった場面に数多く遭遇し、自らの力量そのものが問われた。行政側が議員の意見に激しく反論するケースも度々あるなど、得難い経験をすることとなった（通常、行政側が議員の質疑に対して反論することを避ける傾向にある）。

個人的にいえば、成立時には公表こそしていなかったが、次の選挙（二〇〇七年四月）には立候補しないことを決めていた私からすれば、この九月議会で市政基本条例を成立させなければ、在任中の成立はなくなるというまさにラストチャンスでもあった。事実、委員会の審議の中でも、基本条例を改選後の議員で審議したほうがいいのではないかといった意見も出されていた。こうした意見が大勢を占めれば、今日まで基本条例は日の目を見ないままであった可能性がある。

これまで多くの議案を議会に提出し、議論してきたが、この市政基本条例ほど感慨をもって、その成立を迎えたことは他にはない。基本条例の特別な重みに加え、長期にわたる検討や市民研究会のメンバーの粘り強い努力、議会での審議、そして条例の見直し、再提出と紆余曲折を経てようやく辿りついた成立でもあった。市民と職員たちの献身的な努力がこの条例を産み、高い水準の条例に育て上げることができたことにただただ頭が下がる思いであった。

2　「市政基本条例」策定の過程

私は、三期目となる二〇〇三年四月に行われた市長選挙にあたり作成した「マニフェスト」に、「自治体基本条例」の制定を掲げ、当選した。すでにその前年から職員たちの間では、自主研究グループである「政策法務研究会」において基本条例の検討に入っていた。先進事例に関する資料収集から出発し、検討を重ね、研究会試案として木曜会議に提出されていた。その場では選挙後に、本格的に制定に向けて動くことを確認して終わった。

当選後、基本条例案の策定のため、通常であれば設置する市長の私的諮問機関の「市民委員会」ではなく、オープンな形の「市民研究会」を作ることを指示した。特定な委員のみで検討する市民委員会では、多くの市民や議員、職員が議論に関わることが難しいため、こうした自由に誰でもが議論に参加できる研究会の方法を選択した。

市民研究会は参加自由、人数制限もなしとし、市民、議員、職員が同じテーブルで検討し、研究会案を作る作業を開始した（残念ながら、私たちの期待した議員の参加はわずかの人数に留った）。

その後、二〇〇五年二月、市長に対して条例の骨子をまとめた「多治見市における自治体基本条例のあらまし」（以下、「あらまし」）が提出されるまでの一年半、熱心に議論が続けられ、随時その検討の経過について公表してきた。その会議の回数も、当初の政策法務研究会の試案や先進事例の「学習」から出発し、逐条的に「あらまし」をまとめ上げるまで三四回に及んだ。

その成果として提案された「あらまし」は、多治見市が二〇〇五年九月市議会に提出した「自治体基本条例案」の骨子となるものとなったことはいうまでもない。「あらまし」を受け取った行政側は九月議会提出までの間、精力的に「条例案」の検討を行った。それとともに、後述するように基本条例の中に規定して、同時に定めようとした関連条例案策定にも、同時並行的に取り組んだ。

関連条例とはいえ、議会に提出すれば、その成立が困難な条例もあることが予想された。たとえば、関連条例として提出することを考えていたオンブズパーソン条例は二〇〇一年すでに一度議会に提出していた。その際、一対二六という大差で否決されたことは先に触れたが、それは私たちにとって苦い経験となった（ちなみに執行部提出の条例案が本会議で否決された多治見市政史上最初の事例となった）。当時の議会側から出された論点の整理を行った上で案文を策定し、議会側に理解を求めることが不可欠の条件であった。

また、市民投票条例に対する議会側のアレルギーをどのようにクリアするかなど課題があり、基本条例のみならず、関連条例についても簡単には可決されないことを前提に、慎重に条例案づくりに臨まざるを得なかった。

この検討過程を通じて私たちは基本的に市民研究会の「あらまし」を最大限尊重する立場を貫いた。しかし、以下の点については議会提出原案と「あらまし」の間に相違点が生じた。

1　議会の役割と責務について、市議会での自主的な議論を通じて、議会側から議会基本条例制定の動きが出てくることを期待して、ほとんどの項を削除する

2　「あらまし」が基本条例の改正を特別議決（三分の二）としていたものを通常の過半数の議決に改める

の二点にほぼ限られており、他については整理、統合することなど条文として整え、その精神を尊重し、引き継ぐこととした。

基本条例の原案が出来上がった直後、議会への説明を行うとともに、多治見市広報に基本条例の概要、構成やその必要性についての紹介記事を特集した。それに基づきパブリック・コメントを実施した。このパブリック・コメントには研究会のメンバーの一人から、条例原案の「議会」についての条項が大幅に後退していると強い抗議が出された。

一方、多治見市が毎年度小学校校区単位に二回行っている「地区懇談会」のテーマとして、この「基本条例」を選び、概要を説明し、意見交換をすることとした。

地区懇談会で私たちは「自治体基本条例」の枠組みは次のようなものであるとの説明を行った。

1　地方分権時代に国と県、市との関係は「上下関係」から「対等・協力」の関係へと変わった。

各段階の政府として、それにふさわしい自治体（政府）を作り上げるため、市政運営の基本的な原則を定める「まちの憲法」として基本条例を制定する。

2 そのため、基本条例は市の最高規範と位置づける。

3 基本条例に市民主権を明確に謳うことで、それを再確認するとともに、基本条例はその主権者たる市民から選挙という方法で信託された議員（議会）と首長、その補助機関である職員とその組織が信託に応えるために市民との間に取り交わす約束である。

4 広義の「まちづくり」を担う主体はさまざまに存在する。それは個人であったり、団体であったり、事業者であったり、市政に携わる人たちであったりする。「まちづくり」の大きな、かつ重要な部分を行政や議会が担っていることは事実である。私たちが基本条例で想定しているのはこの部分について規定することであって、上述のような考え方からその他の主体が行う自由で、自主的な活動等について条例で規定することはしない。そのため問題を曖昧にする恐れのある「自治基本条例」という名称ではなく、「自治体基本条例」とする。

5 基本条例の規定に基づいて、具体的に制度化すべき主なものを個別条例として制定、整備する。

それを列挙すれば

・すでに条例制定されているものとして

ア 情報公開条例

イ 個人情報保護条例

ウ　行政手続条例

・今後、制度化するものとして

ア　市民参加制度（パブリックコメント制度も含む）

イ　市民投票制度

ウ　権利救済制度（オンブズパーソン制度）

エ　公益通報制度

となる。

また、多治見市の市政運営の上で特徴的であり、重要な取組みである「総合計画に基づく行政全体のコントロール」を強調し、各分野における個別計画に至るまで総合計画との整合性を図るなど、計画的、総合的な行政運営を行うことを規定する。

6　基本条例の下に法体系を整備する。すでに制定している条例についても、基本条例の中に位置付ける。

こうした過程を経て、二〇〇五年九月市議会に基本条例とそれに基づく市民参加条例、市民投票条例、情報公開条例の一部改正（「あらまし」の意見を尊重して改正）、市長及び職員の服務の宣誓に関する条例の制定と一部改正（職員については宣誓の中に自治体基本条例の尊重を追加、市長については宣誓そのものを新設）を同時に提出した。

3 「自治体基本条例」の概要

条例案全体は四六条から成り、前文以下、四編にまとめられている。

第一編総則（第一条から第六条）は制定の目的、市政の主権者は市民であることを明記し、議員、市長は主権者である市民からの信託（選挙を通じて）によって市政運営にあたる立場にあることを明確にしている。また、選挙にあたり、候補者（議員、市長）は政策を明らかにしなければならない旨を規定した。市の役割を「市民の厳粛な信託により市政を運営し、より良い地域社会の形成の一部を担う」ものとし、そのためには市民と市は連携協力していくことが必要であるとした。

第二編は「市政の原則と制度」として八章建てとなっており（第七条から第三三条）、市政運営の中で重要であり、尊重しなければならない原則を掲げた。多治見市が確立してきたこと、すべきことをここに規定している。

前述したように基本条例を理念型の条例にとどめるのではなく、実効性を担保するものにしなければばならないという基本的なスタンスに立って、諸原則を定めている。そのためいくつかの重要な原則については、その制度ごとの個別具体の条例を定めることを明記した。例えば、市民投票条例であれば、その実施に必要な措置を明記した条例を制定しなければならないこととした。

基本条例案中に関連条例を定め、それに基づく実行を謳ったのは、諸原則の中でもその一部である。それはもちろん市政運営の中でも特に重要な原則であり、制度として定まっている、あるいは定まりつつあるもの、今日的課題として不可欠であるものに限られている。しかし、そのことが他の原則について軽視していることを意味しているのではない。むしろ、基本条例を「みんなで育てていく条例」として、今後も継続的に見直しを図り、基本条例の充実を図ることをめざすこととした。個別の関連条例についても、順次検討し、追加していく方針であることを明確に打ち出した。

たとえば、基本条例制定後になったが、「財務原則」（第一八条）についても昨近の財政的危機に対処するため「財務規範」「財政規律」を明確にする必要があり、それを条例化すること（「（仮）財務条例」）が不可欠であるという認識のもとに、担当者レベルの検討とともに市民委員会における議論を経て、二〇〇七年一二月議会で「健全な財政に関する条例」として成立している。

第二編第一章（第六条）に総合計画を最上位の計画と位置づけ、計画的な行政運営を行うことを掲げた。計画策定の際の市民参加や基本構想、基本計画を議会の議決事件とすることを提案し、市長の任期毎の見直しや進行管理を的確に行うこと、個別分野の計画も総合計画との整合性を図ることを定めている。

諸原則の中で、総合計画に関する条文を最初に持って来たのには、私たちの中に強い思い入れがあったからである。これまで多治見市が築き上げてきた多くの行政運営のシステムの中でもっとも特徴的なことは、総合計画によって行政の行う事務事業全体を市民に対して明示し、行政そのものをコントロールする仕組みを作り上げてきたことである、と考えているからである。

この「多治見方式」が高い評価を受けていることを前面に打ち出したいと考えたからである。このように総合計画に関する規定が最初にくることは不自然といった批判が後に、議会側からも出されてくるが、私たちにとっては、多治見市ならではのこの仕組みをトップに掲げることが当然であるという認識に基づいていた。また、総合計画と基本条例が一対のものとして機能すれば、市政運営が飛躍的に前進すると考えたからでもある。

第二章（第七条から第九条）では情報公開についての規定がくる。ここでは市民の知る権利を謳い、すでに制定されている「情報公開条例」のあり方について再確認することとしている。第三章（第一〇条から第一三条）においては市民参加について規定し、市民参加をすべき案件についても、具体的に列挙することにより、行政側の的確な運用を定めている。市民参加制度を保障するため個別条例を別に定めることとした。

実際には「条例」に定めようとしている事柄については、すでに要綱等に基づいて実施したり、市政の原則として確立している。行政にとってみれば、実施していることがほとんどであるが、市の意思として再確認するために条例化しようとしたものである。それとともに、まさに喫緊かつ重要な課題として取り組まなければならない議会における積極的な「市民参加」についても定め、その取組みを求めている。

別に提案した基本条例に基づく市民参加条例には「市の機関は、政策等の立案、実施に当たっては、原則として市民参加を図らなければならないとし、

①複数の手法による参加の機会の提供
②参加の手法、時期等をあらかじめ公表
③最も適切な手法の追求と継続的改善
④よりよい新たな手法がある時は積極的に採用

の四点を定めた。

その上で、市民参加の対象を次のように定めている。

①計画等の策定、見直し
②条例等の制定、改正、廃止
③予算編成のための事業選択
④事業の実施
⑤政策評価
⑥その他機関が適当と認めた場合、市民参加を行うこととしている。

その方法については

① パブリック・コメント
② 市民との懇談会
③ 市民意識調査
④ 意見聴取
⑤ 審議会

等、市が認める適当な方法を挙げている。

第四章（第一四条から第二二条）においては、第一四条で原則、制度のあり方について述べた後、「説明責任」（第一五条）「政策評価」（第一六条）「行政改革」（第一七条）「財務原則」（第一八条）「出資団体との関係」（第一九条）「法務原則」（第二〇条）「法令遵守」（第二一条）について定めている。

中でも「法務原則」では、基本条例を最高規範とする法体系を構築していかなければならないことと し、「政策遂行のため、次にあげる法務を充実しなければならない」として六点を掲げている。

① 自治立法
② 要綱の整備、公表
③ 法令等の自治解釈（これについては笑い話があり、地元のミニコミ紙が自治解釈について「多治見市はいつから独立国になったか」と書き、それを議会で質問した議員が出た）。
④ 訴訟への対応
⑤ 国への法令等の制定、改廃等に対する提案

⑥ 市民活動への法務的支援

第五章（第二二条から第二四条）は「公正と信頼の確保」とし、「行政手続」（第二二条）「権利救済」（オンブズパーソン制度）（第二三条）「個人情報の保護」（第二四条）についての条文をそれぞれ設けた。

第五章に掲げた制度については、いずれも個別条例を定めることとした。ただし、二三条オンブズパーソン制度については二〇〇五年一二月議会に提出した条例では第四四条（公益通報制度）に規定する制度と合わせ、二つの制度を一つの条例で行おうとし、「多治見市市政に関する権利侵害の申立て及び公益通報に関する条例」とした。二つの制度に登場する監察員について、二つの役割を同時に果たすことができるよう条例に規定し、弁護士から選ばれた市政監察員を議会に設け、この監察員の下で制度運用を図ろうとしたものである。

中立の受付けは議長が行う他、監察員が直接受け付けることも、また実施機関が受け付けることもできることとしている。また、調査の上、監察員は改善等について勧告や意見表明ができ、自らの発意で意見を表明することも可能となっている。監察員となる弁護士とは市政監査契約と名付けた契約を締結することとし、選任については議会の議決を要するものとした。市政監察員がオンブズパーソンの役割と公益通報制度の監察員を兼ねること、より第三者機関としての役割が期待されるため、市長部局のその事務を司る部署に置くのではなく、議会に設けたことに特徴がある。しかし、この条例は成立せず、後に公益通報制度に限った条例は二〇〇六年一二月議会で成立した。

第六章（第二五、二六条）は常設型の「市民投票制度」の設置を求め、かつ、市民投票を提起できる主体について述べ、その結果を尊重することを求めている。具体的な実施の決定要件、投票資格などについては個別条例に定めることを規定している。議会に個別条例として提出した「市民投票条例」について多くの議論がされた。それについては後に述べることとする。

第七章（第二七条から第二九条）では「政府としての多治見市」とし、第二七条で市はもっとも身近な政府と規定し、国や県に優先してより良い地域社会形成に取り組まなければならず、自らの判断や責任でそれを行わなければならないことを定め、国や他の自治体に対して対等な立場で政策、制度などの改善に向けて主張し、連携協力するとした。第二八条（自治行財政権の確立）では市は事務事業や財政について市民の理解を得るよう努力し、その効率性、経済性を考慮し、なおかつ国・県との役割分担の明確化を図り、その役割分担に応じた財源の確保を図らなければならないとしている。第二九条は多文化共生社会の実現に努めることとしている。

第八章（第三〇条から第三三条）については危機管理について規定した。ここで武力紛争への対処（第三三条）についての条文があり、これについては有事法制との関連で強く抵抗する議員がでてきた。

第三編市政の主体は二章からなり、第一章市民（第三三、三四条）では主権者として互いの権利を尊重すること、条例等の遵守、費用の負担に努めることとし、市政の原則や制度を継続的に維持、拡充することを求めている。第二章代表機関（第三六条から第四四条）では議会、市長、行政機関、市の組織のあり方、その責務などを規定するとともに、職員にこの基本条例の精神を尊重して職務に当たることを求めている。また、ここでは「市民の信託」に基づいて議員、市長、職員が存在することの確認を求めている。第四四条では「公益通報制度」を設けることを定めた。

第四編は最高規範と改正（第四五、四六条）とし、第四五条では改めて基本条例の最高規範性について謳い、市がこの基本条例に従って市政運営、条例などの制定・改廃などに取り組むこととし、基本条例に反するときは無効とすることを規定している。また、日本国憲法、法令等を運用する場合もこの条例に照らして判断することを定めている。第四六条では状況の変化等で改正が必要なときは速やかに改正すること、議決は過半数以上で決することとした。この点については市民研究会の見解と市の判断が異なることとなった。市民研究会「あらまし」では、この基本条例の重みを考えれば特別議決「三分の二」を採用することが適当としていたが、今後「育てていく条例」であり、改正がしばしば必要となる可能性が高く、三分の二の議決とすることによって、ハードルを高く設定することは芳しくないとの判断により、過半数議決とした。

この条例の構成が通常の条例とは異なっており、第2編と第3編が逆ではないかという議論が議会でなされることとなる。

4　市議会での審議

二〇〇五年九月市議会に自治体基本条例を提出することを決定したが、職員たちから、議員たちが基本条例に対して、冷ややかな目で見ているという報告を受けており、基本条例の審議がどのような方向へ向かうのか、私たちには分らない状況のまま、議会の議案審議の日を迎えた。本会議では一二人の議員が、基本条例案に対する質疑を行っているが、そのいずれもが基本条例案に対して批判的であることが明らかになってきた。

さまざまな議論を聞きながら、私の頭に浮かんだことは、実は議員たちにとって、この基本条例だけが問題なのではなく、行政が総合計画に基づいて、しかも他に類を見ないほど厳格に行政全体をコントロールしていることへの反発が、基本条例への批判となっているのではないかということであった。計画から予算編成に至るまで、事務事業の選択やその決定に議員が関与できない。議員の要求に対して、極めて冷淡であると感じている（事実ではないのだが）。その上、基本条例で手足を縛られたのでは、たまらない、という反発であるに違いないと思った。

本会議に続き、この基本条例及び、それに関する個別条例（市民参加条例、市民投票条例、情報公開条例の一部改正等）を審査するため、すべての会派からの委員で構成される特別委員会が設置された。多治見市議会では通常、委員会審議には三役には出席要請はなく、出席しないことが慣例になっているが、この特別委員会の最初と最後の会議が開かれた際には市長、助役ともに出席を求められ、直接議論することになった。

詳細は多治見市のホームページに会議録が掲載されているが、その会議録が五七ページにわたっていることからも、極めて活発な議論が行われたことが分かる。会議録を読み返してみると、そのやりとりが読物としても大変面白く、第三者的に読めば、現在の執行部と議会の関係、議員の立っている位置、基本条例に対する議員の反応、地方自治について議員たちが何を考えているのか、などを知る上でとても興味深い資料となっている。おそらく、ここでの議論は単に多治見市の特異な議論ではなく、どこの議会でも起こるであろう議論となっている。

この最初の委員会での議論で議会側の方向性はほぼ決定し、論点も出尽くした感があり、その後開催された委員会ではその繰り返しとなる。結局、九月議会では継続審査にすることが決定され、その後、一二月議会も継続審査、翌年の三月議会において審議未了廃案となり、基本条例とその関連条例は葬られた。三月議会閉会後、直ちに見直し作業を行い、改めて基本条例を再提出する意向を議会に伝えたことは前述の通りである。

この間、一二月議会には、未提出であった残りの権利救済と公益通報に関する条例（二つの制度をまとめて一つの条例にしたもの）も提出した。行政手続法の改正に合わせた市の行政手続条例の改正、パブリックコメント条例、二〇〇六年一月に迫っていた笠原町との合併に伴う総合計画の見直しと、多くの課題が集中した。これらもまた基本条例との関連があるため審議は難航した。

私たちが基本条例のみならず、関連条例も同時に提出し、審議することにしたことが一層賛成を得難い状況を作り出したことも事実である。たとえば、もっとも議論が集中し、反対も多かった常設型の市民投票条例を例にとっていえば、市民投票に絶対反対という議員にとって、その根拠条例である基本条例にも断固反対ということになる。あるいは市民投票に条件を付けようという人たちも、多治見市の市民投票条例案には賛成できない、だから基本条例にも反対といったことが起ってくる。

総合計画を重視する多治見市の姿勢に疑問があるといった発言をする議員もいたが、その理由は自らが反対している施策が総合計画に位置付けられており、それによって、施策がオーソライズされ、予算までを拘束するからというものである。従って、総合計画を重視する基本条例に反対であり、基本計画まで議決事件とすることにも反対であると発言した（基本条例中には基本構想、基本計画を議決案件とすることを規定しているが、それとは別に同時期に出された合併に伴う総合計画改定案の審議に当たって、基本構想のみならず、基本計画のレベルまで議決案件にすることを求めたが、議会側が全会一致でそれを拒否）。結局、基本条例案に誰一人として賛成する議員がいないという状況に陥った。

5　「自治体基本条例」から「市政基本条例」に

こうした議会での審議経過を経て、廃案となった自治体基本条例を再提出することは、私自身にとって政治的な大きな課題となった。前述したように、二〇〇三年のマニフェストに掲げた政策の大きな柱の一つであり、分権時代の自治体が市政運営の基本的原則を市民に明示することによって、自らのスタンスを明かにし、それに基づいて市政運営を行うことは極めて重要な課題であると考えたからである。

行政に対する市民の不信感は、一つの自治体がいかに頑張ろうとも限界がある。国や県などで、不法なこと、不正、法令無視、対応の遅れ、機能不全が起こっていることが日々報道されている今日、市民は「行政はみな同じ」と考え、「わが市にも同じことがあるのではないか」との疑念を募らす。日々積み上げてきたことを国や県が壊していると感じている市町村長は少なからずいるはずである。

市町村職員は現場で日々市民と接し、ある種の緊張を強いられている。身近な政府であるが故に、市民の目も厳しく、いわば衆人環視の中で仕事をしている。それは首長にとっても同様で、身近な存在としていることによって、直に市民の批判にさらされることになる。現場を持たない、市民と向き合う機会のほとんどない国や県の職員には、この点で決定的に基礎自治体の職員とは異なるメンタリティが形成される。否、それでも仕事ができてしまうのである。今日、市民との信頼関係を築くことがいかに困難なことであるかは、良識ある首長であればあるほど日々痛感し、少しでも市民との間を風通しのよいものにできないかと腐心している。

こうした状況の中で、市政運営の基本的原則を主権者である市民との約束事として、自律的な自治体運営、高い規律性を持った自治体を築くために是が非でも条例化はやり遂げなければならないと考え、再提出に向けて準備を始めたのである。

議会の様々な議論を通じて出された論点を整理し、それに対して条例案として、どこまで譲歩できるのかという議論を担当者たちと繰り返した。基本条例の成立を最優先させるためには一定の譲歩が必要であると感じながらも、担当者たちの多くが「妥協」となるような譲歩をすべきではないという意見にまとまった。もちろん私自身もそう主張し、その線に沿って注意深く点検作業を続けた。

見直し作業は、自治体基本条例の基本的な枠組みそのものは変更しないことを確認して進められた。その結果、いくつかの点を変更することとした。

1　条例の題名の変更
　自治体基本条例ではなく、市政基本条例とする

2　総則（第三条）中、選挙時に議員、市長が「政策を明らかにする」こととした項を削除

3　第二編と第三編を入れ替える
4　総合計画に関する条項を繰り下げる
5　総合計画の基本計画を議決案件から外す
6　市民投票制度について（第三五条中）「市民や議会と市長は市民投票の実施を決定することができる」とした第二項を削除し、市民投票の成立要件や方法等は個別条例に規定する
7　武力紛争に対する対処について（第三三条）を削除
8　市長の服務に関する宣誓に関する条文（第四〇条）を削除
が主な変更点である。（　）内は自治体基本条例のもの）これらはいずれも議会での議論として触れられたものであるが、枠組みそのものを壊すことのない変更の範囲にとどめた。

また、条例名について、私たちは様々な場における説明で、「基本条例は主権者である市民の信託を受け、市政に携わる議員、市長が市政の基本原則について市民との間で結ぶ約束事」としてきた。そのため、まちづくりのさまざまな主体である個人や団体、事業者等の自立的、自発的な活動について介入しないという前提で出発している。「自治」の中には市民の自治も含まれ、通常作られている基本条例のように、市民活動と市の関係や市民との協働などの条文がないのはおかしいのではないかといった議論に陥ることが予想される。市政基本条例とすることで、この基本条例の性格がより素直に伝わるようになったと考えている。

このように変更した市政基本条例を二〇〇六年九月議会に提出した。しかし、自治体基本条例案提出

の際、同時に提出した関連条例については見送ることとした。なにより基本条例の成立をまず優先させ、前進させることが必要であると考えたからである。前述したように個別条例に反対であるから、その根拠となっている基本条例にも反対するといった事態を避けたかったからである。

ことに市民投票条例は行政の提出した案について様々な議論がなされた。その批判は以下のようなことに集約される。

1　市民投票制度は議会制民主主義を否定するものである
2　市民投票を実施するのは
①有権者の五分の一以上の連署
②議会の議決
③市長
の三つのケースであると定めていることについて、地方自治法の直接請求の場合のように、議会の承認を必要条件とする意見
3　投票率に条件を付けることを求める意見
4　条例に謳う「重要事項」を限定しようというもの（市民が五分の一もの署名を集めることができる事項そのものが、重要事項であると考える我々の考えが理解されなかった）
5　市民から選ばれている議員が市民投票実施の決定に関与できないことはおかしい
6　実施の際、予算を審議するといっても、長の専決でも実施可能

7　地方自治法上、直接請求制度が設けられているのに、別設計の直接請求制度を作るのは違法では
　ないか

などの意見が出され、市民投票制度の根幹をなす部分についての溝が埋まる可能性がなく、今後議会と行政側とで時間をかけて制度設計を行う必要があるとして提出を断念した。

同様に、かつて否決された「オンブズパーソン条例」についても歩み寄りの目途が立たないことなどから、基本条例そのものの制定を最優先させ、関連条例の提出は見送る決定をした。

再び、議会審議が難航すると予想していた私たちには意外な展開となった。もちろん本会議では八名の議員から質疑があり、再び設けられた特別委員会でも一二名中七名の委員から質疑があったが、自治体基本条例の審議の際とは異なり、当初から対立的な姿勢ではなく、議会審議を踏まえて条例案を見直したことに対して評価するという空気の中で審議が進んだと言っていい。中には突如浮上した岐阜県庁裏金問題といった不祥事を未然に防ぐために、公益通報制度は設けるべきだといった意見も出された。

こうした状況でスムーズに議了し、全会一致で市政基本条例は成立した。

6　「育てていく条例」を願う

市政基本条例が成立した二日後、私は二〇〇七年四月に行われる市長選挙に立候補しないことを表明した。その記者会見で

「戦後日本のもっとも重要な課題である「民主主義」を育て、定着させる課題を多治見で実践したいとの政治的信条を貫徹しようと考え続けてきました。今回成立した「市政基本条例」や総合計画による行政運営、市民参加や情報公開にこだわり続けたのも、多治見における民主主義確立へのチャレンジであったと考えています。（中略）

また、九月市議会で成立した「市政基本条例」は記念すべき条例であり、一二年の私の市長生活の集大成として結実したものと考えています。基本条例に位置づけられた個別条例の制定は将来の課題として残された点は残念ですが、新しいスタイルの「まちの憲法」を作ることができたことは大きな成果で

あると確信しています。（以下略）」

と述べた。そして、時間が経つにつれて、この市政基本条例の成立によって、多治見市について「自律」が可能な方向に歩み出したと考えるようになった。総合計画による行政全体のコントロールするシステムをつくり、市民に対して行政の内容を明示することができるようになった。

それに加えて、市政基本条例の成立は市政の基本的な原則を実効性のある条例の形で成立させることによって、市民にそれを明示することができた。この二つの制度を確立したことによって「自律」への道をつけることができたのだと実感することができた。その意味でも「集大成」としての重みを市政基本条例は持つものであると考えている。

一方、関連条例については「将来の課題」とせざるを得なかったことは残念ではあるが、今後の市政に期待している。なお、公益通報制度についてのみ二〇〇六年一二月議会において、オンブズパーソン条例とは切り離し、単独条例化することができた。皮肉にも岐阜県庁裏金問題のショックから「内部告発」の必要性が、議員の中でも理解された結果である。

私が退任した後、二〇〇七年九月議会で市民参加条例、パブリック・コメント条例は成立した。残る条例はオンブズパーソン条例、市民投票条例である。

今後の展開の中で基本条例の理念が定着し、「育てていく条例」として基本条例が市民、議員、職員の中で意識されることにも期待したい。すでに、条例中、理念のみ掲げた財務に関して「財政規律」の確立を求める（仮称）財務条例の制定は財政危機の中で、喫緊の課題として考えられるべきものであり、多治見市では早期の制定に向けて準備するよう指示し、総合計画の中に位置付けた後、退任した。この条例は「健全な財政に関する条例」として二〇〇七年一二月市議会において可決、成立をみた。

また、契約についての不正、不祥事が続出する中で、それらを未然に防ぐためにも「契約に関する条例」もその必要性を増していると考えている。これについても退任間際にぜひ検討するようにと担当者に指示したところである。

このように「育てていく条例」として、市政基本条例は着実な歩みを続けている。今後、この基本条例の精神が行政のみならず、市民や議員と共有され、市民自治を進めるためのツールとして定着し、地域民主主義をさらに発展させる「武器」となることに期待している。

それとともに大きな課題として残されているのは、議会基本条例の制定である。これについても新しい構成となった市議会の中に議会基本条例を考えようとする動きが出ていると聞く。地方分権時代に入り、議会のあり方が問われていることを考えれば、議会改革を議会自らが取り組むことが求められている。標準会議規則の域から抜け出せないでいる今日的な状況を変え、市民とともにある議会を築くため（しばしば首長と対立的な関係になる）に体質を変えることが望まれている。議会基本条例の制定が強く望まれる。

市政基本条例の条項中、議会に関する個所の「弱さ」は一目瞭然であり、皮肉にも委員会審議の席で「この条例は行政基本条例ではないか」と議員から質問されるありさまであった。

北海道・栗山町の議会基本条例が示された今日、その先駆性に学び、これからの議会のあり方の可能性を示しているこの条例を踏まえた、優れた議会基本条例を作り上げてもらいたいと願わずにはいられない。

終章　自立・自律した地方政府をめざして

——市長職12年をふりかえって

1　自立・自律した自治体とは

これまで述べてきたように、多治見市で進めてきた改革は総合計画を基軸とし、それと連動するシステムを構築することによって、自治体経営のあり方を根本から変えることになった。

その後、制定した市政基本条例によって市政に関する基本的な原則を定め、市民から信託を受けた議員、市長と市民との「約束」として示すことができた。それは「自律的な自治体の形成」への基盤を構築したことを意味する。

この二つのことを成し遂げたことによって、一二年の「集大成」ともいえるほぼ完結した形を創ることができたのだと考えている。

私たちの取組みは、二つの「ジリツ」、自立と自律をめざすものであったといい替えることができる。今日、地方分権時代を迎え、自立すること、自律的な自治体を創り上げること、それが喫緊の課題となっていることを考えれば、時代の要請に応える内容になっているといえよう。この課題へのチャレンジであったのである。

何をもって「自立」といい、「自律」というかを示し、それをめざして「行政の改革」を進めていかなければならないこととなる。

「自立した自治体」とは、次のようにまとめることができるように思う。

① 国・県からへの依存体質からの脱却。これは安易な「国が何とかしてくれる」「県にやってもらおう」「指示を仰ごう」といった機関委任事務時代の意識からの脱却である。財政的にも政策的にも、もはや頼ることができなくなっている状況を認識し、「自己決定、自己責任」を徹底することである。上下の関係から対等・連携の関係に変わったことを認識し、それに基づいて実践することでもある

② ①で述べたことを実践するためには、自らの自治体の力量を高めることである。ことに政策形成能力を高め、地域の特性を把握し、市民のニーズを見据えた地域課題に対応する政策、制度作りが求められてくる。それを成しうるためには、政策開発に当たって政策法務の考え方に基づき、自治立法（地域課題、市民ニーズを把握し、自らの力で条例制定や制度設計を行うこと）、自治解釈（国の法令等を自治体の観点から解釈し、運用すること）が求められる

③ これからの地域社会を支えるのは、自立した市民活動の力であることを確認し、市民自治の取組

みを行うこと

④財政的に自立すること。この議論は地域産業を活性化させ、増収を図り、財政力を高めるというこれまでの発想にのみ頼る時代ではないことを確認する必要がある。それ以前に、自らの努力によって自律的、計画的な財政運営を行うことで、破綻や財政危機に陥ることのない財政運営をすることである。中長期的な展望の中で、予見性や世代間の公平性を考えることのできる体制を整備することである

⑤とは言え、地域資源を活かしたまちづくりを行うなどの活性化に努めることは、当然のこととして必要である。

このような基盤が整ってはじめて、自立した自治体といえる。

その他、いまだに機関委任事務時代の惰性で、仕事をしている職員たちの意識改革も重要な課題である。国・県からの指示を待っていたり、他の自治体との横並び意識を払拭し、自ら政策形成に取り組む姿勢を確立する必要がある。総合行政として機能すべき基礎自治体が、縦割り官庁の方針によってそうなっていない現状も変える意識を持ち続けなければならない。

また、「自己決定、自己責任」を問われる時代には、自前の政策づくり、基準づくりが求められ、情報公開、行政手続、説明責任など、市民に対する責任を果たすことが求められていることはいうまでもない。

それでは「自律的な自治体」とは一体どのようなものであろうか。その前に自律的でない自治体を想

定してみよう。今、社会的な不安を引き起こしている事件の多くが、官民問わず同じような性質のことであることに気づく。事実の隠ぺい・歪曲、法令違反、不正行為、公正性の欠如、制度疲労、監視機能不全、怠慢、頽廃、手抜き、責任感の欠如あるいは責任の所在の不明確さなどである。ほとんどモラルハザードが日本全体を覆っているといっても過言ではない。

これらのことを起こすことのないよう、行政を日常的に管理することが「自律的な自治体」の最低条件である。また、それを日常的に積み上げ、市民と行政の信頼関係の再構築に努力する以外にないのである。自治体に即していえば、それは市政運営の基本原則が確立していることであるといえよう。

基本原則にどのようなことが必要か。

①情報公開

②コンプライアンス（法令遵守）

③アカウンタビリティ（説明責任）

④行政手続の適正化、明確化

などの原則である。これは原則の内でももっとも重要なものといえる。

その他として

⑤職員のモラルの高まりが必要であることは当然であるが、それとともに、いかに職員が市民的な感覚を持って仕事することができるかどうかが問われる。市民から乖離した職員、その職場はそれだけでも問題である。いまだに官尊民卑的発想や統治的感覚で仕事をしている職員は存在している

のである

⑥　市民の信託に基づいて行政組織が成立していることを常に意識すること（まず役所ありきと考えている職員の数は決して少なくない）
⑦　総合計画によって市民に対して行政の行う内容を明示する
⑧　市政の基本的原則を基本条例に定め、市民との約束事として明らかにする
⑨　財政規律の確立をめざし、計画的な財政運営を行うこと

などが自律的自治体の条件となる。

こうしたことは、本来「あたりまえ」のはずである。しかし、今日においても、その実行が充分なされているとはいえない。そのあたりまえのことを実行するためには、常に職員が緊張感を保持し続けるための規律や不断の注意喚起など、厳しく対応しなければならない。こうしたことは、たとえ一度確立した体制であっても、規律が緩めば、たちまちにして崩れてしまうことが残念ながら現実である。

くりかえせば、自立、自律の確保のための条件は、当然自治体がこれまですでに獲得していなければならなかったことである。しかし、長い間、自治体の自覚的な自己変革が行われないまま、今日に至っていることが多く、その遅れがことに職員の意識改革の遅れを招いているといえる。

多治見市においては市長は、「千人の『公務員』の中に、たった一人の『市民』」と思えるほど職員の意識と乖離していると思わざるを得なかった一二年前と比較すれば、まさに隔世の感のする変わりようである。「多治見を変える」と訴えて、市長に就任してから、確実に変わってきたことを実感すること

ができるところまでたどり着いた。そして、大きく変えることのできた部分がある一方で、まだまだ充分な改革が進まなかったことも存在する。しかし、つきつめてみれば、多治見市がめざしてきたことは、「自立と自律」で表現される自治体を形成するための営為であったのではないかと思う。多治見市は自立的で、自律的な自治体へと大きく変わったのである。

2　退任のあいさつから

最後になるが、二〇〇七年四月二九日、三期勤めた市長を退任した。私はその退任式で、職員たちに私たちの歩んできた足跡をたどりながら、将来に向けてのメッセージとして次のような挨拶を行った。この挨拶を通して、今日の地方自治体にとって重要なキーワードである「自立、自律」を多治見市がめざし、努力してきたことを市民や職員が共有の意識として持ち続けていってもらいたいとの希望を述べたかったのである。改革の火を燃やし続けていってほしいと願っているのである。

長くなるが、全文を掲載したい。

市長としての任期が終了するにあたり、まず皆さんの支えによってこれまで市政運営を行い得たことに感謝したいと思います。

この一二年間、市民のみなさんに市政に携わる機会を与えられ、自らの政治的な理念を実践することができた、極めて幸運な一二年間であったと実感しています。また、時代が私にそういう場を与えてくれたという意味でも、私にとって幸運な一二年でもありました。

最後となったこの機会に私自身が何を考え、何を実現させたかったかを皆さんにお話し、なお未完であり、永遠の課題として残されているいくつかの論点に触れることで、皆さんの今後の活躍に資することがあればと考えています。

その一つは、私が政治的な活動を始めてから今日にいたるまで、もっとも重要な課題と考えてきたのは、民主主義をどのようにして地域社会の中に根付かせ、それを発展させるかというテーマでした。その積み重ねによって地域から政治を変えるため、多治見市という自治体において改革に取り組むことを自らの政治的使命と考えてきました。

自治体改革は市民との信頼関係の構築を前提として成り立ちます。そのためにはフェアな政治を行う、公正で公平な市政運営を行う、それが出発点であると考え、実践することに努めて来ました。情報公開や市民参加を進めなければならないと考えたのもそのためです。市政の透明性を確保することはいわば必要条件であり、また、市民にとってもっとも身近な政府である市政への参加を保障する「市民参加」を進めなければならないと考えてきました。任期の間そのことを追求し、確立することに腐心してきたといっても過言ではありません。また、一二年間市民との信頼関係を壊してしまうような不祥事も不正も起こすことなく来ることができたのも、皆さんとともに緊張感を持って、開かれた市政を築いてきた結果であると考えています。

次に一二年前を思い出してください。ほとんど組織らしい組織を持たない私が選挙に勝利できたのは、自治体が新しい時代の到来に的確に対応することを求められていたにもかかわらず、市政が停滞し、閉塞感が漂い、自己変革への意欲が失なわれ、そういう事態への市民の失望があったからに他なりません。こうした低迷を打ち破るため「行政の改革」を断行しなければと訴えたのは、まさに多治見市の陥っていた危機的状況を改革を通して打開し、市政の活性化を図らなければならなかったからです。行政改革以前の問題として、市民の抱いている行政のイメージを変え、質的に大きく変えていくことが必要であったのです。当時に比べなお一層困難さを増している自治体を取り巻く環境と向き合っていくためにも「行政の改革」は今日においても継続的に行う必要があり、自治体改革は常に私たちが追求しなければならない課題でもあります。

三点目の問題は、長い政治的生活の中で私が違和感を抱き続けてきたことの一つに、自治体職員の中に「まず役所ありき」という意識があるのではないかということでした。役所の機構が市民の信託に基づいて選ばれた首長の補助機関として成り立っているという認識が欠如していることに起因しています。

明治以来、統治機構として役所が機能し続けてきたことの結果ですが、民主主義の時代にそうしたことは払拭されなければならなかったにもかかわらず、戦後民主主義の中でも変えることができなかった課題のひとつです。そうした意識を変え、文字通りの自治体へと転換することが不可欠です。官尊民卑という言葉は言葉としては死語となりつつありますが、自治体職員の意識の中から本当に払拭されているのかどうか、一人ひとりが確認する必要があり、このような職員のメンタリティを変えることこそが、意識改革の第一歩であると考えてきました。

四点目はかつての恣意的な行政運営から脱却し、計画的な行政運営を行わなければならないという課題でした。そのために、私は「総合計画」を大切にしようと考えました。今日では他に類のない多治見方式ともいうべき画期的なシステムを創り上げることができました。「総合計画に基づく行政運営」という大きな成果は、総合計画に基づかない行政運営がどのようなものか忘れてしまったと思うほど定着しています。行政全体をコントロールするものとして総合計画がある、そこまで高めることができました。しかも、財政縮小時代に突入し、政策の「選択と集中」が求められる今日の状況を考えれば、一層その意義は大きくなると考えなければなりません。

総合計画のこうしたあり方は、行政が何を行おうとしているかを市民に明確にすることでもあり、計画を作ってもその実施が担保されることもなく、放置されたり、検証されることもなかった過去の状況を打ち破り、市の作る計画全体に対する信頼性も高めてきました。さらに市民との間でも市政に対する議論において徐々に総合計画やその内容をめぐって行なわれることが多くなってきています。

五点目です。これまで地方分権の時代にあって政策形成能力を高めることがいかに必要であるかを強調してきましたが、多治見市のこれまで築いてきた様々なシステムは他に見られるような学者や研究者に依存して創りあげたのではなく、一つひとつ職員の皆さんが自ら創りあげたものであり、どこにもない独創的な多治見のシステムであり、それが高い水準にあることを私は誇りに思います。皆さんもそれを誇りに思っていいと思います。高い評価を受けているのも、そうした独自に創りあげたシステムや制度です。これからもそれをさらに高め、発展させていくことがなお求められています。一層高い倫理性と一人ひとりの資質を高めることによってすばらしい市政が構築されることを期待しています。このことは自然にそうなるわけではなく、不断の努力によってしか成り立ち得ません。

六点目の課題です。時代の流れはこれからもますます速くなることが予想されます。常に知的な好奇心を持ちつづけ、時代状況、地域を取巻く環境の変化などを読み解く力を身につけることが必要です。地域社会の動きに向き合い、その中で生活する市民が何を考え、何を求めているかを知ることが重要です。そのためにみなさんはカウンターの中に閉じこもることなく、市民とのかかわりをいかに作り上げていくかも大切なことです。みなさん一人ひとりがそのことを意識して仕事を行っていただきたい。

惰性で動いているだけの職場にしてならないのはいうまでもありません。しかも特定なポジションだけがそうであるのではなく、どこにいてもその課題は皆さんに突きつけられており、ルーチンワークをこなしていればよいという時代は終わったのです。今後さらに厳しい時代がやってきます。皆さんの創意工夫や既成の観念を打破する力を蓄えることによって、乗り切っていくことが求められています。

市政基本条例の制定は、自ら権力が抑制的に行動し、自ら律することを求めています。これは大変大きな成果であったと考えていますが、さらにこれまで多治見市が追求してきたことから、今行政が抱えている課題が何かを私たちは知ることができました。それは「行政のあり方」を根本から見直すことです。市民と行政の役割分担の見直しが必要になってきていることです。そこまでたどり着いたといっても言い過ぎではありません。みなさんの仕事のあり方も問われています。この課題を抜きに新たな時代にふさわしく、次の時代を切り開いていく行政を作り上げていくことはできません。

六点の問題についてふれてきましたが、ここまで行政のレベルを高めることができ、トップランナーと評価されるような自治体に変えることができたのは、積極的に参加することにより、市政構築に寄与していただいた市民のみなさんや支援いただいた議員のみなさん、研究者のみなさん、そして何よりも職員のみなさんの総和としての力です。常にこうした人たちとともにあった一二年は私にとって貴重な財産です。人と人との繋がりなしに何事もなしえないことを改めて思い起こす時、すばらしい人たちに恵まれ、共同作業として成果を残すことができました。私自身みんなで考え、議論し、決定してきた成果として今日の多治見市があると実感しています。このような市政運営に携わることができた一二年でもありました。感謝して感謝しすぎることはないと思っております。

市民も職員も議員も市政にかかわり、ともに考え、行動することによって互いに成長することができます。そのどの部分が欠けてもうまく進むことはできません。みんなの意識の高まりなくして地域社会の活力を生み出すことはできません。これからも互いに切磋琢磨していかなければなりません。ことに職員のみなさんは、これまで培ってきた独立不羈の精神と矜持をもって地方分権時代を進んでいっていただきたいと願っています。今後も多治見市が高い水準の市政運営を維持、発展させることができるかどうかは職員のみなさんの活躍にかかっています。必ず皆さんがそれを成し遂げてくれるものと確信しています。

最後になりますが、一二年間市長を勤め、走り続けてきたという思いを強くいだいていますが、市政基本条例の制定によってひとつのサイクルが完結したと感じ、財政再建や重要課題について後世につけを残すことのないよう努めてきたことも形として残すことができました。ことを成し遂げたという満足感を持って退任できることは極めて幸せなことです。そして、みなさんが今後も多治見市民のためによりよい市政を、行政を作り上げて行くために一層努力し、活躍されることを願っております。これまでのみなさんの支援に対して感謝し、お別れといたします。

資料・多治見市市政基本条例

多治見市市政基本条例

制定　２００６年９月28日（２００７年1月1日施行）
改正　２００７年12月17日

目次

私たちは、基本的人権が尊重され、平和のうちに安心して心豊かに暮らせるまちを目指します。

私たちは、まちづくりの主体として、一人ひとりが自由な意思でまちづくりにかかわるとともに、まちづくりの一部を信託するため、市民自治の主権に基づき、市民生活とその基盤である地域社会に最も身近な地域政府として多治見市を設置します。

市は、市民の信託に基づき政策を定め、市政を運営しなければなりません。また、その保有する情報を市民と共有し、市民が市政に参加するための制度を整え、まちづくりを担う多様な主体と連携協力しなければなりません。

私たち市民は、地域政府としての多治見市の成立が市民の信託に基づくものであることを明らかにし、市政の基本的な原則と制度やその運用の指針や市民と市の役割を定める多治見市の最高規範として、ここにこの条例を制定します。

第1編　総則

（目的）

第1条　この条例は、市政の基本的な原則と制度やその運用の指針や市民と市の役割を定めることにより、多治見市の市民自治の確立を図ることを目的とします。

（市民主権）

第2条　より良い地域社会の形成の主体は、市民です。

2　市民は、市政の主権者であり、より良い地域社会の形成の一部を市に信託します。

3　市民は、市政の主権者として、市の政策を定める権利があり、その利益は、市民が享受します。

（選挙）

第3条　市民は、選挙により、市民の代表者である議会の議員と市の代表者である市長を定め、その職を信託します。

（市の役割）

第4条　市は、市民の厳粛な信託により市政を運営し、より良い地域社会の形成の一部を担います。

2　市は、政策を定め、制度を整備して運用することにより、市政を運営しなければなりません。

（連携協力）

第5条　市民と市は、それぞれの活動において連携協力し、より良い地域社会を形成します。

第2編　市政の主体

第1章　市民

（市民の責務）

第6条　市民は、主権者としての権利を相互に尊重しなければなりません。

2　市民は、市民の信託に基づき定められた条例と規則など（以下「条例など」といいます。）を遵守しなければなりません。

3　市民は、市政の適切な運営のための費用を負担しなければなりません。

（原則と制度の維持と拡充）

第7条　市民は、市政の原則と制度を継続的な努力により、維持し、かつ、拡充しなければなりません。

第2章　代表機関

第1節　議会

（議会の設置）

第8条　市民の信託に基づき、市民の代表機関として、議会を設置します。

（議会の役割と責務）

第9条　議会は、立法などの市の重要な政策決定などを行います。

2　議会の議員は、この条例の理念や原則と制度を遵守し、市民の信託に対する自らの責任を誠実に果たさなければなりません。

3　議会と議会の議員は、言論の府としての議会の本質に基づき、議員間の自由な討議を重んじなければなりません。

4　議会の議員は、市民の信託を受けた市民の代表であることを認識し、議会は、市民参加の拡充に努めなければなりません。

5　議会は、政策提言と政策立案の強化を図るため、調査活動と立法活動の拡充に努めなければなりません。

第2節　長と行政機構

（市長の設置）

第10条　市民の信託に基づき、市の代表機関として、市長を設置します。

（市長の役割と責務）

第11条　市長は、市を統轄し、市を代表します。

2　市長は、この条例の理念や原則と制度を遵守し、市民の信託に対する自らの責任を誠実に果たさなければなりません。

（行政委員会の役割と責務）

第12条　行政委員会（市長を除く執行機関をいいます。以下同じです。）は、その権限に基づき、事務を執行します。

2　行政委員会は、この条例の理念や原則と制度を遵守し、自らの判断と責任において、その職務を誠実に管理し、執行しなければなりません。

（組織機構）

第13条　市の組織は、総合的、簡素、効率的であると同時に、地域社会の変化に応じ、機動的に編成されなければなりません。

（職員の責務）

第14条　市の職員は、この条例の理念や原則と制度を遵守し、市政に対する市民の信託に応えるため、誠実かつ公正に職務を執行しなければなりません。

（公益通報）

第15条　市の職員は、公正な市政を妨げ、市に対する市民の信頼を損なう行為が行われていることを知ったときは、その事実を放置し、隠してはなりません。

2　正当な公益通報を行った職員は、その公益通報をしたことを理由に不当に不利益を受けないよう保障されなければなりません。

3　公益通報に関して必要な事項は、別に条例で定めます。

第3編　市政の原則と制度

第1章　市政情報の共有

（総合的な情報公開の推進）

第16条　市民は、市政の主権者として、市政について知る権利があります。

2　市は、市の保有する情報が市民の共有財産であることを認識するとともに、市政に関する正確で分かりやすい情報を市民が迅速かつ容易に得られるよう、情報の公表、提供と開示の総合的な推進に努めなければなりません。

（情報公開制度）

第17条　市は、情報公開制度を設けなければなりません。

2　市の保有するすべての情報は、情報公開制度の対象となります。

3　何人も、市に対して、情報の開示を請求できます。

4　市は、その保有するすべての情報を適正に管理しなければなりません。

5　市は、審議会などの会議を、原則として公開しなければなりません。

6　市は、情報提供施策の拡充に努めなければなりません。

7　情報公開制度に関して必要な事項は、別に条例で定めます。

第2章　市民の市政参加

（市民参加の権利）

第18条　市民は、市政の主権者として、市政に参加する権利があります。

2　市民は、市政に参加しないことを理由として、不利益を受けることはありません。

（市民参加の推進）

第19条　市は、多くの市民の参加機会を保障するため、審議会の委員の公募、意見の公募などの多様な参加手法を用意しなければなりません。

2　市は、市民からの意見に対して、誠実に応答しなければなりません。

3　市は、次に掲げるときは、市民の参加を図らなければなりません。
(1)　総合計画などの重要な計画を策定し、見直すとき。
(2)　重要な条例、規則などや要綱（政策、事業の基準を定めた文書をいいます。以下同じです。）を制定し、改正し、廃止するとき。
(3)　事業を選択するとき。
(4)　事業を実施するとき。
(5)　政策評価を実施するとき。
4　市民参加の推進に関して必要な事項は、別に条例で定めます。

第3章　総合計画

（総合計画）
第20条　市は、総合的かつ計画的に市政を運営するため、総合計画を策定しなければなりません。
2　総合計画は、目指すべき将来像を定める基本構想、これを実現するための事業を定める基本計画と事業の進め方を明らかにする実行計画により構成されます。
3　総合計画は、市の政策を定める最上位の計画であり、市が行う政策は、緊急を要するもののほかは、これに基づかなければなりません。
4　総合計画は、市民の参加を経て案が作成され、基本構想及び基本計画について議会の議決を経て、策定されます。
5　総合計画は、計画期間を定めて策定され、市長の任期ごとに見直されます。
6　市は、基本計画に基づく事業の進行を管理し、その状況を公表しなければなりません。
7　市は、各政策分野における基本となる計画を策定する場合は、総合計画との関係を明らかにし、策定後は、総合計画との調整のもとで進行を管理しなければなりません。

第4章　市政の諸原則

（制度の活用と改善）

第21条　市は、市政の原則と制度を継続的に改善し続けなければなりません。

2　市は、この条例で定める制度をできる限り相互に関係付け、相乗的な効果を上げるよう努めなければなりません。

3　市は、この条例で定める制度が誰にも共有されるため、簡素で分かりやすくするよう努めなければなりません。

(説明責任)

第22条　市は、公正で開かれた市政の推進のため、意思決定の内容と過程を明らかにし、市民に説明する責任を負います。

(政策評価)

第23条　市は、政策の合理的な選択と質の向上のため、政策の立案、決定、実施と評価という過程を確立し、政策評価を実施しなければなりません。

(行政改革)

第24条　市は、市政運営について、在り方を見直し、質を向上させるため、行政改革大綱を策定し、行政改革を進めなければなりません。

2　行政改革大綱は、市民の参加を経て総合計画との調整のもとで策定されます。

3　行政改革大綱は、市長の任期ごとに実施期間を定めて策定されます。

4　市は、行政改革大綱の実施に当たっては、実施計画を策定し、その進行を管理しなければなりません。

(財務原則)

第25条　市は、総合計画に基づいて予算を編成し、計画的で健全な財政運営を図らなければなりません。

2　市は、毎年度、計画期間を定めた財政計画を策定しなければなりません。

3　市は、財政計画、予算編成、予算執行と決算認定の状況を、毎年度、市民に分かりやすく公表しなければなりません。

4　市は、政策目的の実現のため、効果的で合理的な予算執行に努めなければなりません。

5　健全な財政に関し必要な事項は、別に条例で定めます。

（出資団体など）

第26条　市は、市が出資し、職員を派遣し、公の施設の管理を委ねている団体などの団体（以下「出資団体など」といいます。）に関し、市との関係と出資団体などの経営状況などに関して資料を作成し、毎年度、公表しなければなりません。

2　市は、出資団体などへの支出などの市と出資団体などとの財務上の関係を明らかにし、その内容を公表しなければなりません。

3　市は、出資団体などの経営と市との関係について評価を行い、その結果を公表しなければなりません。

（法務原則）

第27条　市は、条例などと要綱を整備し、法令との関係を明らかにするとともに、この条例を最高規範とする法体系を構築しなければなりません。

2　市は、条例、規則などや要綱を整備するときは、その内容を明確にし、できる限り分かりやすくしなければなりません。

3　市は、各政策分野における基本となる条例を制定するときは、第1項に規定する法体系の中に位置付けなければなりません。

4　市は、政策目的の実現のため、次に掲げる法務を充実しなければなりません。

(1)　条例などの自治立法を積極的に行うこと。

(2)　要綱を必要に応じて整備し、公開すること。

(3)　法令を市の責任において解釈し、積極的に運用すること。

(4)　提訴、応訴など訴訟に的確に対応すること。

(5)　国に法令の制定、改正、廃止を提言すること。

(6)　法令や条例などと要綱に関する情報と技術の提供により、市民の活動に法務の側面から支援を行うこと。

5　市は、市の条例などと要綱を体系的にまとめ、公開しなければなりません。

（法令遵守）

第28条　市は、市政の適正な運営のため、法令遵守に取り組まなければなりません。

第5章　公正と信頼の確保

（行政手続）

第29条　市は、市民の権利利益の保護を図るため、処分、行政指導と届出に関する手続（以下「行政手続」といいます。）に関し、公正の確保と透明性の向上を図らなければなりません。

2　行政手続に関して必要な事項は、別に条例で定めます。

（権利救済制度）

第30条　市は、市民からの市による権利侵害の申立てなどを公正かつ中立的な立場で解決し、簡易迅速に市民の権利利益の保護を図るため、権利救済制度を設けなければなりません。

2　市は、次の職務を行う権利救済機関を設置しなければなりません。

(1)　市民から申立てのあった市による権利侵害の申立てに基づく案件に関して調査し、必要に応じ、是正、改善に関する措置について市に対して勧告を行うこと。

(2)　市による権利侵害の申立ての発生の原因となった制度の改善について、必要に応じ、意見を表明すること。

3　権利救済機関は、市の事務事業に関し、自ら調査し、制度の改善を求める意見を表明することができます。

4　権利救済制度に関して必要な事項は、別に条例で定めます。

（個人情報の保護）

第31条　市は、市民の権利利益の保護を図るため、個人情報の保護に努めなければなりません。

2　市民は、自らに関する個人情報の開示、訂正、削除、利用停止を請求する権利があります。

3　個人情報の保護に関して必要な事項は、別に条例で定めます。

第6章　市民投票

（市民投票）

第32条　市は、市政の重要事項について、市民の意思を直接に確認し、市政に反映させるため、市民による投票（以下「市民投票」といいます。）を実施することができます。

2　市民投票に関して必要な事項は、別に条例で定めます。

（尊重義務）

第33条　議会の議員と市長は、自らに対する市民の直接の信託に対する責任に基づき、市民投票の結果を尊重しなければなりません。

第7章　政府としての多治見市

（政府としての多治見市）

第34条　市は、市民に最も身近な政府として、市民の信託に基づくより良い地域社会の形成に、国と県に優先して取り組まなければなりません。

2　市は、市政を自らの判断と責任において決定し、運営しなければなりません。

3　市は、国と他の自治体に対し、対等な立場で、政策、制度などの改善に向けて、主張し、連携協力しなければなりません。

（自治行財政権の確立）

第35条　市は、市の事務事業と財政について市民の理解を深めるよう努めるとともに、市の財政の健全化のため、財務の充実を図るよう努めなければなりません。

2　市は、事務事業の範囲と性質や効率性と経済性を考慮して、国や他の自治体との役割分担の明確化を図るよう努めなければなりません。

3　市は、国や他の自治体との役割分担に応じ、財源の確保を図るよう努めなければなりません。

（多文化共生社会の実現）

第36条　市は、多様な主体との連携協力により、多様な文化と価値観を互いに理解し、尊重する地域社会の形成を図るよう努めなければなりません。

2　市は、地域社会における課題が国際的な課題とかかわっていることを認識し、国際的な連携協力を促進するよう努めなければなりません。

(平和への寄与)

第37条　何人も、平和のうちに暮らす権利があります。

2　市民と市は、正義と秩序を基調とする平和を希求し、平和に寄与するよう努めなければなりません。

3　市は、市民の生命と身体や財産や生活の平穏を守るよう努め、国際的な人道上の条約に基づき行動しなければなりません。

第8章　危機管理

(災害などへの対処)

第38条　市は、災害などの不測の事態（以下「災害など」といいます。）から市民の生命と身体や財産や生活の平穏を守るよう努めなければなりません。

2　市は、災害などに備え、緊急時の対応と復旧に関する計画を策定するとともに、これを担う体制を整備し、情報の収集、訓練などを行わなければなりません。

(国と他の自治体への働きかけ)

第39条　市は、災害などへの対応に当たり必要な場合は、国、他の自治体に対し、支援を迅速に求めなければなりません。

2　市は、被災した自治体に対し、必要な支援を迅速に行うよう努めるものとします。

3　市は、災害などに備え、国や他の自治体との連携を図るよう努めなければなりません。

(市民の役割)

第40条　市民は、災害などの発生時において、自らを守る努力をするとともに、その役割の大きさを認識し、相互に協力して災害などに対応しなければなりません。

第4編　最高規範と改正

第1章　最高規範

(最高規範性)

第41条　この条例は、市の最高規範であり、市は、この条例に従い、市政を運営し、他の条例などを制定し、改正し、廃止し、解釈し、運用しなければなりません。
2　この条例に反することは、その効力を有しません。
3　市は、法令を解釈し、運用する場合も、この条例に照らして判断しなければなりません。

第2章　改正

（この条例の改正）

第42条　市は、この条例について地域社会の変化により改正の必要が生じた場合は、速やかに改正しなければなりません。

附則

この条例は、平成19年1月1日から施行します。

附則（平成19年12月17日条例第47号）

この条例は、平成20年1月1日から施行します。

附則（平成19年12月17日条例第57号）

この条例は、平成20年1月1日から施行します。

あとがき

本書は、一二年間多治見市長として進めてきた改革の足跡を記したものである。財政の立て直しに始まった改革は、総合計画を軸とした自治体経営のシステムを築き上げてきた。それは厳しい状況の中で「多治見を変える」ために、多くのことにチャレンジしてきた結果である。退任後、それを記録することの意味があるとすれば、先進自治体とは程遠かった「居眠り自治体」の目を覚まさせたことであり、「多治見方式」「多治見モデル」といわれるようになった自治体の変革に道筋をつけたことにある。

もちろん新たなシステムを作り上げたその過程は決して平坦なものではなかったが、優れた職員たちの地道な努力によってここまで辿り着いたというべきであろう。

多治見市が作り上げたシステムは、おそらく完結性という点からいえば他に類のないシステムである、と自負している。そのシステムの全貌をこの本から読み取っていただければ、幸いである。恐らくこのシステムはかなり精緻なものであるはずであるが、そのことを的確に表現できたかどうか、それを読者に正確に伝えることができたかどうかについては、いささか心もとない。

本文を煩雑にしているのではないかと危惧するのは、総合計画による行政全体のコントロールを強調するあまり、重複して記載した部分が少なからずあるということである。個々の章が円環のように繋がっていることを表現するための悪あがきとでもいえる結果である。多治見市の作り上げたシステムが総合計画を核に互いに有機的に結びあわさって出来上がっているため、それを理解していただくためにはやむを得ないのではないかと考え、そのまま残すこととした。煩雑な印象を残すことになった感はあるが、ご容赦願いたい。

このような意図をもって書かれた本書は、通常あるような首長の「回顧録」として書かれたものでは無論ない。厳しい環境におかれた今日の自治体の中で何が可能か、どこまでできるのか、それが示されているとすれば幸いである。極めて平均的な地方の小都市である多治見での試みが普遍的な意義を持ち得るのかどうかが、本書に問われている。

逆にいえば、どの自治体においても、首長と職員が本気に改革に取り組めば、この程度のことは成し遂げられるという一例にすぎない。改革の成否は、「自治体を変える」という意思を共有できるかどうかにかかっているといっても過言ではない。わが師松下圭一先生の「自治体は変わるか」に対するアンサーブックとして、私なりの答えを出したものと考えている。

本書は、首長として行ってきた様々な分野の政策の中の「自治体経営のシステム」のみに焦点を合わせて書かれたものである。従って、個別分野における政策やその取組みについては、例示的に本文中に示したにすぎない。個別の政策については、これまで他の雑誌や書物に掲載されているので、興味のある方はお読みいただければと考える。

この間、「拡大」から「縮小」へと地方自治体が変化していくことに気づき、自らの発想を転換しなければならないと考えてきた。これからの自治体のあり方を今こそ真剣に考えなければならない時代に突入した。ほとんど白紙の状態から自治体を再構成する作業が必要になってきたといってもよい。そのことへの「気づき」を市民と共有しなければならない時代でもある。そのために、これからもできることから取り組んでいきたいと思う。

それにしても、転形期の地方自治体の長として一二年間働くことができたことは、私にとってこの上もない幸運であった。市議の時代から通算すると三二年間の自治体との関わりの中で、学んだことは限りなく多い。また、多くの知己を得て、教えられたことも私にとって大きな財産となった。ことに市長在任中、就任直後の状況をふりかえってみると、困難に遭遇する度に、私を支えてくれる人がその時々に現われたことである。その方々には感謝しても、しすぎることはない。

また、ともに歩みながら、進取の気風と自由な発想を身に付け、大きく成長してきた多治見市職員のこれまでの働きに感謝したい。今後、地方政府としての役割を果たさなければならない地方自治体にあって、行政課題や地域社会の状況を踏まえた政策形成に尽力していってもらいたいと願わずにはいられない。

多治見での試みを記録として残すべきだと薦めていただいた方々の励ましによって、ようやくここまで来ることができた。幾人もの人から励まされ、助言をいただき、支えていただいた方々の存在なしには、この本は完成を見なかったに相違ない。

政治家として、長い間活躍することができたのは、当然のことながら、私を支援していただいた多くの人たちがいたからである。多くの人の支えなくして、今日の私はない。多くの多治見市民であり、友人であり、そして、折に触れて、さまざまな示唆を与えていただいた研究者の方々だった。この本はそのように、私を支えていただいた人たちの力の総和としてできあがったものである。この機会に心から感謝の意を表したい。

また、編集の段階で指導、助言をいただいた大矢野修氏（龍谷大学教授）、公人の友社の武内英晴氏のご支援に対しては、言葉に表しがたい思いである。

二〇〇八年四月三〇日

一三年前市長に就任したその日に

自律自治体の形成

すべては財政危機との闘いからはじまった

2008年8月25日　第1版第1刷発行

著　者　西寺　雅也

発行者　武内　英晴

発行所　株式会社 公人の友社

〒112-0002 東京都文京区小石川5-26-8

電話　03-3811-5701　FAX 03-3811-5795

メールアドレス　koujin@alpha.ocn.ne.jp

印刷所　倉敷印刷株式会社

装　丁　鈴木　堯＋岩橋香月［タウハウス］

装　画　とくだあきら

西寺　雅也（にしでら・まさや）
前・岐阜県多治見市長
一九四四年大阪市生まれ。
一九六八年名古屋大学理学部数学科卒業。学習塾経営（理解して学ぶ、学ぶことの楽しさを基本に）。
一九七一年二七歳で市議会議員初当選。一九七九年～市議会議員連続4期。一九九五年議員在職中多治見市監査委員、総務常任委員会委員長等を歴任。
一九九五年生活から考える市政、市民本位の市政をめざし「多治見を変える」を訴え、多治見市長当選、3期で立候補辞退。